AF483185

LA RESERVA
DE JURISDICCIÓN

SANTIAGO MUÑOZ MACHADO

Catedrático de Derecho Administrativo
de la Universidad Complutense de Madrid.

LA RESERVA DE JURISDICCIÓN

Segunda edición

EDITORIAL TEMIS S. A.
Bogotá - Colombia
2020

© Santiago Muñoz Machado, 2020.

© Editorial Temis S. A., 2020.
Calle 17, núm. 68D-46, Bogotá.
www.editorialtemis.com
correo elec.: gerencia@editorialtemis.com

Hecho el depósito que exige la ley.
Impreso en Editorial Nomos S. A.
Diagonal 18 Bis, núm. 41-17, Bogotá.

ISBN 978-958-35-1247-6
       3044 2020006020

PRESENTACIÓN

El Instituto Internacional de Derecho Administrativo -IIDA (www. iida-deradm.com), tiene la satisfacción de presentar a la comunidad jurídica la Biblioteca Internacional de Derecho Público, la cual tiene por objeto publicar monografías sobre temas de derecho constitucional y administrativo de relevancia actual, conceptual o histórica.

El Instituto es una institución sin ánimo de lucro, de carácter académico y científico, que tiene como objeto el fomento y la promoción de la ciencia del derecho administrativo en los diferentes países y en el marco de la comunidad internacional, para lo cual desarrolla actividades tendientes al cumplimiento de los siguientes objetivos específicos:

a) Promover el estudio, la investigación, la profundización y el conocimiento de las diversas expresiones del derecho administrativo en diferentes países y desde la perspectiva del derecho comparado.

b) Propiciar la reflexión, el debate, el diálogo y el intercambio de ideas y experiencias entre sus miembros y entre ellos y otras personas o entidades interesadas en las materias propias del derecho administrativo.

c) Fomentar y fortalecer la docencia, la investigación, la divulgación y el desarrollo del derecho administrativo en diferentes países.

d) Las demás que sean conducentes para el logro del objetivo general.

En cumplimiento de esos objetivos, el volumen II de la Biblioteca, que hoy presentamos, está consagrado a la *Reserva de jurisdicción*, del cual es autor el reconocido administrativista español Santiago Muñoz Machado, miembro ilustre del Instituto y uno de sus fundadores.

Este volumen trata una cuestión sin duda muy importante en la conceptualización del derecho público contemporáneo, en la medida en que, como lo expresa el autor en su *Nota a esta edición* y así lo entienden hoy los especialistas del derecho público, explica cuáles instituciones jurídicas han hecho posible que la atribución exclusiva a los jueces de determinadas funciones públicas, como son las de juzgar y hacer ejecutar lo juzgado, impida las intromisiones legislativas o gubernamentales en el núcleo esencial de la reserva y se garanticen así, en mejor medida, los derechos que las constituciones contemporáneas han venido consagrando con mayor fortaleza. Para esos efectos, el ensayo aborda aspectos tan fundamentales actualmente como los de la independencia judicial en el marco de la relación de la justicia con los demás poderes del Estado, los límites de las intervenciones legislativas y el control jurisdiccional de la administración.

La dirección de la Biblioteca agradece al autor su aporte para la publicación de este volumen, que contribuye al cumplimiento de los objetivos del Instituto. De igual manera, agradece a la Editorial Temis por hacer posible la publicación de este trabajo académico.

LIBARDO RODRÍGUEZ RODRÍGUEZ
Presidente del IIDA y Director de la Biblioteca
Internacional de Derecho Público

NOTA A ESTA EDICIÓN

Escribí este libro pocos años después de aprobada la Constitución de 1978, cuando las características de alguna de las instituciones que implantó estaban todavía por desarrollar o apenas desveladas. Sostenía tesis muy nuevas sobre la posición constitucional de la justicia y las garantías jurisdiccionales de los derechos, que con el paso del tiempo se han ido abriendo camino en la legislación y en la jurisprudencia constitucional y ordinaria. La tesis central defiende que la Constitución tiene establecida una *reserva de jurisdicción*, que consiste en la atribución exclusiva de determinadas funciones públicas, las de juzgar y hacer ejecutar lo juzgado, a los juzgados y tribunales, de manera que existe una barrera que impide las intromisiones legislativas o gubernamentales en el núcleo esencial de la reserva. Defiende también que aunque las garantías de los derechos dependen de su consagración en el texto constitucional, es esencial para su protección que la reserva de la jurisdicción sea real y se mantenga acerada.

Este enunciado, de apariencia tan simple, ha sido casi siempre desconocido en la historia del Derecho público europeo de los últimos doscientos años. En este ensayo se recogen las comprobaciones apodícticas en las que se apoya una afirmación tan rotunda. Pero en el último tercio del siglo xx los Estados de Derecho más avanzados de Europa empezaron a impulsar un cambio de paradigma, también realizable en España a partir de la Constitución de 1978. Los dos pilares que habrían de sostenerlo eran el reforzamiento de las garantías jurisdiccionales de los derechos y la separación de la función judicial de cualquier otro poder del Estado que no fuera el que tiene asignada la misión constitucional de juzgar y de hacer ejecutar lo juzgado.

Cuáles han sido las instituciones y herramientas jurídicas que han hecho posible este cambio, es lo que se explica en este breve ensayo.

Entrego de nuevo el original a la imprenta gracias al interés de mi querido colega, el insigne administrativista colombiano Libardo Rodríguez Rodríguez, presidente del Instituto Internacional de Derecho Administrativo, secundado por la Editorial Temis. No he introducido ninguna modificación en el texto que se publicó hace ahora treinta años. Se han realizado, en el tiempo transcurrido, todos los cambios y progresos que este libro postulaba. En algunos aspectos, sobrepasando, incluso, cualquier expectativa, porque actualmente no son infrecuentes las críticas a una excesiva judicialización de nuestro sistema jurídico, o valoraciones sobre la eficacia real de las garantías de los derechos que aseguran que solo son aprovechables por minorías ilustradas o adineradas. La oferta de medios de respuesta, de acciones, que tiene a su disposición un ciudadano cuyos derechos hayan sido vulnerados, es de tal envergadura que resulta improbable que la utilice en su totalidad, lo que conduce a la inanidad práctica de un puñado de recursos bautizados con denominaciones imponentes.

Este libro pertenece, pues, a la época en que se iniciaban todas estas transformaciones. Lo mantengo redactado como quedó en origen porque, a veces, también es conveniente fijar las creaciones dogmáticas en el momento en que se formularon, atendiendo al contexto de ideas y problemas con el que sus autores se enfrentaron. Esta actitud me ha parecido especialmente pertinente en este caso porque el libro se incorpora a una colección propiciada por una asociación de profesores y especialistas que se ocupan, con sus continuos estudios, de colaborar al progreso del Derecho.

La Jaralta (Córdoba), agosto de 2019.

PRÓLOGO

1. Solo de una manera muy tímida está apuntado en nuestra jurisprudencia constitucional, hasta ahora, que puede ser causa de inconstitucionalidad de las leyes y de las resoluciones de la Administración el que unas u otras invadan el terreno de la Justicia adoptando decisiones de contenido jurisdiccional. Apenas si está desarrollado entre nosotros ese freno específico a las potestades del Legislativo y del Ejecutivo que consiste en que ninguno de los dos puede actuar como jurisdicción.

Este libro es un ensayo de determinar la posición constitucional de la Justicia en relación con los otros dos poderes del Estado.

2. Para explicar esta relación se ha puesto ordinariamente el énfasis en el concepto de independencia. La independencia impone, de un lado, la exigencia jurídica de que los jueces y tribunales solo estén sometidos a la ley; y, de otro, demanda que los jueces están al abrigo de selecciones, ascensos o remociones arbitrarias. Sin embargo, la no interferencia entre poderes exige también que no haya confusión de las funciones que unos y otros tienen encomendadas, de manera que ni el Legislativo ni el Ejecutivo asuman la tarea de juzgar.

Es conocido que el reparto de funciones entre los diferentes poderes no ha sido hecho en el constitucionalismo con absoluta rigidez. Para solo señalar ahora lo más notorio, resulta evidente que la Administración dicta normas habitualmente o que la separación entre ella y la Justicia se hizo sin forzar del todo las exigencias del reparto de funciones, sino permitiendo que algunas, de inequívoco carácter jurisdiccional, quedaran residenciadas en el Ejecutivo. Pero, no obstante esto, desde los orígenes del constitucionalismo, las Constituciones han proclamado la prohibición de que el Legislativo o el Ejecutivo juzguen. Al principio lo hacían de forma expresa y directa. Luego la fórmula se encogió y recogió en el concepto de exclusividad de la función jurisdiccional. Sin embargo, expresada la idea de esta última manera, exclusividad de la tarea de juzgar y hacer ejecutar lo juzgado, enseguida se ha esgrimido de modo preferente para impedir que órganos de naturaleza administrativa, eclesiástica o militar compartan con los jueces y tribunales la función jurisdiccional. Se ha lanzado, pues, el concepto, directamente, contra los órganos supervivientes de otros sistemas o de otros órdenes de ideas políticas, para extinguirlos, declarando su incompatibilidad con la regla de la exclusividad.

El análisis de las relaciones entre poderes se ha parado, en lo que concierne a la Justicia, ahí. Declarada, de un lado, la independencia de los jueces y magistrados y extinguidos los demás órganos especializados en ejercer jurisdicción, parecería definitivamente conjurado cualquier riesgo de interferencia de los otros poderes en el dominio de los juzgados y tribunales. Sin embargo, existen múltiples fenómenos de inmisión del Legislativo y el Ejecutivo en el ámbito de la jurisdicción que no se producen a través de órganos especializados, sino directamente. Se trata de que las leyes, a veces, impiden a los jueces juzgar, imponiéndoles decisiones concretas o rectificando las que han adoptado, sustituyéndolas por otras, o cerrándoles la posibilidad de enjuiciar asuntos, etc. No menos frecuentes son las invasiones por la Administración del terreno de la jurisdicción. Realmente, las relaciones entre aquella y la Justicia están organizadas en muchos sistemas jurídicos continentales europeos de manera que se permite que la Administración desarrolle, de algún modo, actuaciones que son un ejercicio coparticipado de la función jurisdiccional.

Algunas de estas situaciones que describo se dan esporádicamente. El legislador, por ejemplo, solo de vez en cuando sustrae asuntos al conocimiento de la Justicia, o impone interpretaciones concretas de las leyes, o corrige directamente el sentido de un fallo o de una línea jurisprudencial determinada. Sin embargo, siempre se ha creído con poder para adoptar decisiones de este tipo y las asume cuando lo estima necesario. Las fórmulas de coparticipación por la Administración del ejercicio de la función jurisdiccional son mucho más corrientes. Forman, en verdad, parte de la estructura del sistema administrativo y son hijas de una *praxis* constitucional que ya es secular.

3. En este libro se examinan los supuestos más típicos de interferencia del Legislativo y el Ejecutivo en el ámbito de la Justicia. El objetivo del análisis, además de poner de relieve fenómenos jurídicos que no han sido estudiados entre nosotros de forma sistemática, es tratar de precisar en qué medida la atribución constitucional de la función de juzgar y hacer ejecutar lo juzgado a los juzgados y Tribunales, y la inde-

pendencia con que deben actuar los titulares de estos órganos, configura una *reserva de jurisdicción* que se impone como límite constitucional al ejercicio por los demás poderes del Estado de sus funciones propias. Como consecuencia de esta reserva, el Legislativo y el Ejecutivo deben mantenerse dentro de sus propias esferas de actuación. Y si adoptan decisiones atinentes a la Justicia no pueden transgredir el límite de aquella reserva y tocar el *Kernbereich*, el núcleo, de la función jurisdiccional que está exclusivamente atribuida a unos órganos determinados.

Este análisis constitucional se aplica en nuestro estudio a los otros dos poderes distintos de la Justicia. En el caso de la Administración, como bien puede adivinarse, el desarrollo de la tesis obliga a replantearse todo el sistema de relaciones establecido entre aquella y la Justicia. Es cierto que este sistema ha venido funcionando así durante decenios. Pero tampoco nunca se han implantado entre nosotros principios constitucionales, de aplicación inmediata, con tanto vigor como los que ha reconocido la Constitución de 1978.

4. Hecha la anterior confesión de propósitos y advertidos los elementos principales del enfoque metodológico, solo falta añadir que el estudio se ha dividido en tres partes: la primera indaga sobre el concepto de independencia para mostrar cómo no explica suficientemente el problema de las relaciones entre poderes; la segunda analiza las interferencias del legislador en el terreno de la Justicia; y la tercera pone en cuestión algunas formas de participación de la Administración en el ejercicio de la función jurisdiccional.

Todo ello para tratar de delimitar los contornos constitucionales de la reserva de jurisdicción y formular aproximaciones a sus consecuencias jurídicas más notorias.

Los desarrollos de todo ello son como sigue.

ÍNDICE GENERAL

CAPÍTULO I

LA INDEPENDENCIA JUDICIAL Y EL PROBLEMA DE LA RELACIÓN DE LA JUSTICIA CON LOS DEMÁS PODERES DEL ESTADO

CAPÍTULO II

LA CONFIGURACIÓN CONSTITUCIONAL DEL PODER JUDICIAL Y LOS LÍMITES DE LAS INTERVENCIONES LEGISLATIVAS

CAPÍTULO III

LA RESERVA DE JURISDICCIÓN Y EL PROBLEMA DEL CONTROL JURISDICCIONAL DE LA ADMINISTRACIÓN

CAPÍTULO I

LA INDEPENDENCIA JUDICIAL Y EL PROBLEMA DE LA RELACIÓN DE LA JUSTICIA CON LOS DEMÁS PODERES DEL ESTADO

1. LA FORMACIÓN DEL PRINCIPIO DE INDEPENDENCIA

A) *La formulación de la regla de la independencia como separación y exclusividad de la función de juzgar*

Posiblemente son pocos los matices que pueden oponerse a la observación de D. SIMÓN, reiterada por lo demás en una bibliografía de dimensiones oceánicas, de que la independencia de la Justicia es uno de los muchos postulados antimonárquicos de la época del establecimiento del Estado burgués de Derecho.

En la teoría y la práctica absolutista la concentración de poderes en la persona del monarca alcanza también a la función de juzgar que se podía ejercer dictando sentencias por derecho, apoyadas en normas, o adoptando sentencias por imperio, que eran el mero ejercicio de su virtud por el soberano. En el alzamiento intelectual contra las sentencias por imperio está el origen de la regla de la independencia. Para hacer efectiva la eliminación del arbitrio del monarca como forma de enjuiciamiento de los litigios, eran precisas, acumuladamente, dos reglas revolucionarias: primera, que el parámetro para resolver las controversias se encontrase en normas generales y objetivas; y segunda, que los litigios fueran resueltos por jueces que, si tenían la condición de funcionarios, estuvieran en una posición jurídica singular, distinta de la de los soldados o los recaudadores de impuestos.

De manera que la historia de la independencia de la justicia empieza a formularse como una reserva a los jueces y tribunales de la función de juzgar. Y ello porque la vieja fórmula de permitir al titular del poder legislativo o del poder ejecutivo que dictara resoluciones judiciales es, en sí misma, opresora de la libertad. La pretensión de Montesquieu al formular su esquema de la división de poderes va manifiestamente en el sentido indicado: "Il n'y a point encore de liberté si la puissance de jugar n'est pas separée de la puissance legislative et de l'executrice". Si estuvieran junto al Poder Legislativo, añade, el poder sobre la vida y la libertad de los ciudadanos sería arbitrario, puesto que el juez sería legislador. Si estuvieran junto al Poder Ejecutivo, concluye, el juez podría tener la fuerza de un opresor.

La explicación es similar cuando las virtudes de la regla de la separación de poderes se trasladan al otro lado del océano. Hamilton escribe en *El Federalista* que "el departamento judicial es, sin comparación, el más débil de los tres departamentos del poder que nunca podrá atacar con éxito a ninguno de los otros dos, y que son precisas toda suerte de precauciones para capacitarlo a fin de que pueda defenderse de los ataques de aquellos... La independencia completa de los tribunales es particularmente esencial en una Constitución limitada. Por Constitución limitada entiendo la que contiene ciertas prohibiciones expresas aplicables a la autoridad legislativa, como, por ejemplo, la de no dictar decretos que impongan penas e incapacidades sin previo juicio, leyes *ex post facto* y otras semejantes. Las limitaciones de esta índole solo pueden mantenerse en la práctica a través de los tribunales de justicia, cuyo deber ha de ser el declarar nulos todos los actos contrarios al sentido evidente de la Constitución".

La independencia judicial entendida así, como separación de la función jurisdiccional para atribuirla exclusivamente a los jueces, con prohibición de ejercicio de esa tarea por otros poderes, y particularmente por el Legislativo, es la concepción a que parecen responder más exactamente las formulaciones de los primeros textos constitucionales.

El artículo 1º del Título III, Capítulo V, de la Constitución francesa de 1791 dispuso que "el poder judicial no puede, en ningún caso, ser ejercido por el Cuerpo Legislativo ni por el

Rey". El artículo 202 de la Constitución del año III mantiene la misma fórmula.

En nuestro país, el discurso preliminar de la Constitución de Cádiz ilustra de modo ejemplar sobre la concepción original de la independencia del juez:

> Para que la potestad de aplicar las leyes a los casos particulares no pueda convertirse jamás en instrumento de tiranía, se separan de tal modo las funciones de juez de cualquier otro acto de la autoridad soberana, que nunca podrán ni las Cortes ni el Rey ejercerlas bajo ningún pretexto. Tal vez podrá convenir, en circunstancias de grande apuro, recurrir por tiempo limitado a la potestad legislativa y ejecutiva, pero en el momento que ambas autoridades o alguna de ellas reasumiere la autoridad judicial desaparecerían para siempre no solo la libertad política y civil, como hasta aquella sombra de seguridad personal que no pueden menos de establecer los mismos tiranos si quieren conservarse en sus Estados.

Los primeros preceptos que la Constitución de 1812 dedica al poder judicial se preocupan inmediatamente de recoger estas ideas. Artículo 242: "La potestad de aplicar las leyes en causas civiles y criminales pertenece exclusivamente a los tribunales". Artículo 243: "Ni las Cortes ni el Rey podrán ejercer en ningún caso las funciones judiciales, avocar causas pendientes, ni mandar abrir los juicios fenecidos".

Se entiende en estos textos que la garantía primera de la independencia radica en la exclusividad, en la reserva de la función al cuerpo de los jueces, en la eliminación de cualquier residuo de poder jurisdiccional en manos de los otros dos poderes.

Esta significación excluyente de la independencia se logra implantar sin excesivas dificultades. Salvo algunos residuos que más adelante se estudian en este libro (especialmente la prohibición original de que los jueces interpreten las leyes que da lugar al nacimiento de la figura del *référé legislatif* en Francia, que se desarrolla también en los países influidos por las ideas que exportó la Revolución de 1789, y que supone, en una cierta medida, la entrega al legislador de un instrumento imprescindible para el ejercicio plenario de la función de juzgar), el legislativo quedaría excluido de la función material de juzgar y constreñido a su papel de dictar las leyes que ha de usar el juez para ejercer su tarea, y aun para dictar las normas que organizan y marcan las pautas de funcionamiento de los juzgados y tribunales.

La exclusión del Ejecutivo respecto de la función de juzgar es un poco más costosa. Sobre todo porque en relación con la misma se alza el extraordinario problema de resolver quien debe juzgar a la Administración.

La preocupación de los hombres de la Revolución francesa en lo que concierne a las relaciones de la Administración con la Justicia había sido la de evitar interferencias mutuas. Ya se ha indicado con cuánto fervor se expresó la idea de exclusividad de la función de juzgar. Pero no se pone menos énfasis en la necesidad de evitar interferencias en la función de administrar, rompiendo definitivamente con una práctica de obstaculización que había sido común durante el Antiguo Régimen. El artículo 13 de la Ley 16-24 de agosto de 1790 es terminante en la prohibición que dirige a los jueces de interferir *"de quelque maniére que ce soit"* en la función de administrar. Esta prohibición hará difícil la articulación de relaciones entre la Administración y la Justicia. La exclusión de interferencias es un reflejo, como puso de manifiesto en Francia un ramillete de autores de su mejor doctrina publicista (AUCOC, SAINT GIRONS, BARTHELEMY, etc.), de la idea de independencia y separación. Pero, como observó DUGUIT, y ha desarrollado recientemente M. TROPER, está en juego en ese cruce de prohibiciones no solo la preservación de la independencia de los poderes, sino también un problema de reparto de competencias. En lo que concierne al Poder Judicial, el principio de no interferencia, aunque conectado con el de separación, lo que expresa es una prohibición de ejercicio, aunque sea de forma parcial, de la actividad administrativa.

En todo caso, cifrada la independencia judicial en la exclusividad de la función, en la exclusión de su ejercicio de los demás poderes del Estado, el énfasis, en los textos constitucionales y legales y en la práctica, se trasladó después hacia la independencia personal del juez, exigencia que se cifraría en la necesidad de que los jueces fueran inamovibles.

B) *La independencia personal y la lucha por la inamovilidad*

En casi todas las Constituciones del siglo XIX aparece la proclamación de la independencia de la Justicia combinada con la exigencia de estabilidad del juez-funcionario en el ejercicio de su función. Con rara perfección se recoge esta pareja de principios en la Constitución de Franckfurt de 1849, que tiene una influencia manifiesta en la redacción del artículo 102 de la Constitución de Weimar de 1919 y, a través de esta última, en el artículo 97 de la Ley Fundamental de Bonn. Los artículos 175 y 177 de la primera Constitución citada decían:

> Los tribunales ejercen de modo independiente el poder judicial. Es improcedente la justicia ministerial y de gabinete. Nadie puede ser privado de su juez legal. No habrá tribunales de excepción (artículo 175).
>
> Ningún juez podrá ser cesado de su cargo o perjudicado en su rango y emolumentos, si no es por Sentencia y por derecho. La suspensión no podrá realizarse sin la correspondiente decisión de un Tribunal.
>
> Ningún juez puede ser trasladado sin su consentimiento a otro lugar, ni tampoco ser jubilado, si no es por decisión de un tribunal, y en los casos señalados por la ley (artículo 177).

Es verdad que, una vez proclamada la separación de poderes, la inamovilidad pasa a convertirse en la pieza esencial de la independencia del Poder Judicial.

Pero no es este último, sin embargo, un principio postrevolucionario en cuanto a su origen. En Francia hay coincidencia entre la doctrina en señalar como origen de la regla un Edicto de 21 de octubre de 1467, dado por Luis XI como reacción contra las destituciones arbitrarias. Sin embargo, no es posible confundirse sobre la significación que tenía entonces aquella regla. La inamovilidad es un principio que aparece en medio de la progresiva sustitución de los señores por legistas en la curia regia (A. LASSEUR). En este contexto, la regla de la inamovilidad no busca la mayor independencia de dichos servidores, sino la más estricta fidelidad posible. Es decir, por tanto, justamente al contrario de lo pretendido en la época constitucional con la puesta en juego de la misma fórmula.

La vinculación del principio de inamovilidad a la buena marcha de la Justicia aparece como exigencia moderna en la Constitución francesa de 10 de septiembre de 1791 (en la Constitución norteamericana —artículo III de la Sección 1ª— se había establecido ya la fórmula de inamovilidad que aún permanece: "los jueces, tanto del Tribunal Supremo como de los Tribunales inferiores, desempeñarán sus cargos mientras dure su buena conducta y recibirán periódicamente por sus servicios una compensación que no podrá disminuirse mientras desempeñen sus puestos"). En su artículo 2º se prohíbe la destitución de los jueces si no es por prevaricación debidamente juzgada, ni suspendidos sino por una acusación admitida. En la Constitución del año III se enuncian disposiciones análogas. La Constitución de 24 frimario del año VIII aplica la norma a los jueces distintos de los de paz. Y la regla, en fin, aparece en las Cartas Constitucionales de 1814 y 1830 y, a través de las proclamas de las Constituciones del siglo XIX (artículos 87 y 26 de las Constituciones de 1848 y 1852 respectivamente), se encuentra enunciada con el mismo valor en la Constitución de 27 de octubre de 1946 y, en fin, en el artículo 64.4 de la Constitución de 1958.

En el terreno que hay por debajo de las proclamaciones constitucionales se ha producido una lucha continua, a veces sorda, a veces airada, para la implantación efectiva de la inamovilidad. El de nuestro país es un excelente ejemplo.

La Constitución de Cádiz, después de las declaraciones de separación y exclusividad que ya hemos recogido, estableció las primeras formulaciones sobre estabilidad en el empleo de los jueces:

> Artículo 252: Los magistrados y jueces no podrán ser depuestos de sus destinos, sean temporales o perpetuos, sino por causa legalmente probada y sentenciada; ni suspendidos, sino por acusación legalmente intentada.

Se perciben claramente en el texto los ecos de las Constituciones francesas de los últimos años del siglo anterior. La regla aparece otra vez, explicada en términos parecidos, en la Constitución de 1837 (artículo 66: "Ningún magistrado o juez podrá ser depuesto de su destino, temporal o perpetuo, sino por sentencia ejecutoriada, ni suspendido sino por auto judicial, o en virtud de orden del Rey, cuando este, con motivos fundados, le mande juzgar por el tribunal competente"), y, con énfasis similar, en la Constitución de 1869 (artículo 95), en la de 1876 (artículo 80) y en la de 1931 (artículo 98).

Pero la historia de la independencia de los jueces en España se escribe en textos de menor calado. Forma parte el juez cesante del paisaje decimonónico, juez sometido al zarandeo de disposiciones que, pasando por debajo de las declaraciones constitucionales de estabilidad, operaban con nombramientos de interinidad que permitían a los políticos jugar con más facilidad con los puestos de jueces que si estos se confiaban definitivamente a jueces de carrera.

La exposición de motivos de la Ley Orgánica del Poder Judicial de 1870 explica la situación anterior en términos que pueden ahorrar exposiciones más detalladas. Después de comentar las reformas introducidas en la Constitución de Cádiz por las siguientes de 1837 y 1845, añade que, sin embargo, ninguna de estas reformas se atrevieron a liquidar la inamovilidad: "La institución judicial —continúa— ya no fue un poder, es cierto; pero los jueces y magistrados debieron continuar siendo inamovibles. ¿Cómo entonces se comprende que haya transcurrido más de un tercio de siglo sin que fuera una verdad práctica el principio consignado en todas las Constituciones, esa garantía escrita, no en beneficio de la magistratura, sino de la moralidad y de la justicia".

La Ley Orgánica del Poder Judicial trató de imponer otra vez la inamovilidad judicial y el nombramiento por oposición. Pero los esfuerzos por independizar de hecho al juez de los demás poderes del Estado han estado sometidos a los vaivenes de la política y, desde luego, a las concepciones dominantes sobre la significación de la justicia en el contexto de los poderes del Estado.

A MANUEL AZAÑA, por ejemplo, le irritaba sobremanera que se llamara Poder Judicial a lo que, para él, era simplemente Administración de Justicia, juego de denominaciones en el que, según su criterio, "va todo un mundo en el concepto del Estado". Al político republicano le preocupaba la fidelidad personal de los jueces a las ideas básicas conforme a las cuales trató de organizarse la convivencia española en el período 1931-1936. Esta preocupación explica sus angustias sobre el alcance de la independencia de la Justicia. ¿"Independencia del Poder Judicial? —decía—. Según. Independencia ¿de qué? Ni el Poder Judicial, ni el Poder Legislativo, ni el Poder Ejecutivo pueden ser independientes del espíritu público nacional". El Poder Judicial "no es republicano" y esto resultaba gravísimo para el funcionamiento de las instituciones. Para corregir esta situación se ensayaron y adoptaron múltiples medidas legislativas que removían, desde luego, los sillones judiciales y apuntaban fórmulas de nombramiento en las que la lealtad política era un requisito no totalmente prescindible.

La organización del Tribunal Supremo fue objeto de particular predilección política. Un decreto de 6 de mayo de 1931 estableció que, para cubrir algunas vacantes existentes, podían nombrarse a "personalidades eminentes de distintas actividades jurídicas y administrativas". Al principio se hizo un uso bastante correcto de la norma (DE BUEN, CASTÁN, ANTÓN ONECA, entre otros, fueron designados). Pero, posteriormente, fueron discutidos por razones políticas. Apoyándose en esta última circunstancia, LERROUX preparó, tras los sucesos de octubre de 1934, un proyecto de Ley de Reforma del Tribunal Supremo. Visto con la referencia de la inamovilidad de los jueces, algunas de sus previsiones eran asombrosas: por ejemplo, establecía nuevos requisitos para ser magistrado del Tribunal Supremo y exigía su cumplimiento con carácter retroactivo, con lo que podía prescindirse de algunos de los magistrados incómodos (Don DEMÓFILO DE BUEN, especialmente, estaba entonces en el punto de mira).

Otros aspectos de la inamovilidad judicial (que, como los anteriores, han sido estudiados con detalle por J. TOMÁS VILLARROYA) no fueron atendidos en esta época con más contemplaciones. Constituyó, por ejemplo, un escándalo la aplicación en 1932 por el Ministerio de la Gobernación de la Ley de Defensa de la República al juez AMADO por haber decretado indebidamente la libertad provisional de un sospechoso llamado Lahoz. Y ello pese a que la

Ley de Defensa de la República no parecía aplicable a los jueces, ni se había seguido procedimiento razonable alguno, sino que se hizo efectiva la expulsión mediante una entrada gubernativa súbita en el terreno de la independencia de la Justicia.

Más efectiva, por ser las medidas que contenía de aplicación general, fue la Ley de 8 de septiembre de 1932 sobre jubilaciones. De acuerdo con ella, el Gobierno podría jubilar a cualquier magistrado, juez o funcionario del Ministerio Fiscal, sin otra garantía que el recurso de súplica ante el Consejo de Ministros. Fueron muchos los abusos que se cometieron en aplicación de esa ley. Pero los atentados a la independencia de la Justicia aun se hicieron más rotundos en la Ley de jubilaciones de 9 de julio de 1936, discutida días antes del estallido de la guerra civil. El proyecto modificaba el artículo 239 de la Ley Orgánica del Poder Judicial estableciendo que, en lo sucesivo, los jueces, magistrados, presidentes de Salas, presidentes del Tribunal Supremo y los fiscales de todas las categorías serían necesariamente jubilados al cumplir los sesenta y siete años; y, sobre todo, podrían también ser jubilados cuando actuasen con manifiesta hostilidad hacia las instituciones políticas consagradas en la Constitución.

Por encima de esta práctica complejísima había planeado la solemne e inútil proclamación del artículo 98 de la Constitución de 1931:

> Los jueces y magistrados no podrán ser jubilados, separados ni suspendidos en sus funciones, ni trasladados de sus puestos, sino con sujeción a las leyes, que contendrán las garantías necesarias para que sea efectiva la independencia de los Tribunales.

C) *La independencia judicial como dependencia de la ley*

Durante todo el siglo xix prevalece la concepción de la independencia de la Justicia que cifra esta en la inamovilidad de los jueces. Incluso el propio concepto de independencia desaparece de las Constituciones. La tradición germánica centroeuropea (artículo 175 de la Constitución de Frankfurt de 1849, artículo 102 de la Constitución de Weimar de 1919, artículo 97 de la Ley

Fundamental de Bonn) ha conservado mucho mejor el concepto de independencia que las Constituciones mediterráneas.

Es la doctrina publicista de primeros de siglo, germana (especialmente C. SCHMITT y H. KELSEN) y francesa (L. DUGUIT, R. CARRÉ DE MALBERG), la que vuelve a poner énfasis, para explicar la posición de los jueces, en una característica que está apuntada también en *L'esprit des lois* de MONTESQUIEU, ejercen un poder "*en quelque façon null*". "Los jueces de la nación —decía— no son más que el instrumento que pronuncia las palabras de la ley, seres inanimados que no pueden moderar ni la fuerza ni el rigor de las leyes".

Muchas veces se ha corregido a MONTESQUIEU por su inocencia al creer que la aplicación de las leyes puede quedar desprovista de todo matiz creativo. Pero está perfectamente descrita, no obstante, en su concepción de la posición del juez, la situación subordinada a la ley que aquel ocupa.

El engarce entre el juez y la ley recibe una atención especialmente cuidada en la teoría kelseniana de la formación y aplicación del Derecho. Por lo norma, según la exposición del autor austríaco, el Derecho da origen a normas generales positivas. "En estas normas, un determinado hecho abstracto enlázase con una consecuencia jurídica igualmente abstracta. Pero para que la norma general alcance un sentido concreto requiere una individualización". Precisa establecer si "se ha dado *en concreto* el hecho que la norma general ha determinado in abstracto". "La sentencia, el acto en que se traduce exteriormente la función jurídica recibe el nombre de jurisdicción, que significa "declaración de derecho" como si se limitase a hacer una declaración de lo que ya es Derecho en la norma general". Pero esta, argumenta KELSEN, es una explicación que no alcanza a mostrar el sentido de la función jurisdiccional. Por el contrario, la sentencia crea una nueva relación, determina que existe un hecho concreto, señala una consecuencia jurídica que debe enlazarse a él y verifica en concreto dicho enlace. "Sin la sentencia, el derecho abstracto carecería siempre de forma o estructura concreta. Por esto, la sentencia que declare ser dado el hecho legal en caso concreto y falle que debe aplicarse la consecuencia jurídica concreta, no es otra cosa que una norma jurídica individual, la individualización o concreción de las normas jurídicas generales o abstractas".

El acto de jurisdicción es, pues, en KELSEN, un acto creativo de Derecho. Pues de considerarse un acto puramente aplicativo si se contempla por relación a la ley, pero es creación si se la examina por referencia a los actos jurídicos que han de realizarse sobre la base de la ley, o desde el punto de vista de las partes, cuyos deberes deben ser concretados en la sentencia.

En la doctrina kelseniana aparecen explicitadas dos concepciones básicas sobre la posición del juez, en relación a la ley, en términos que no se diferencian mucho de las explicaciones clásicas sobre la separación de poderes. La segunda y más original destaca el papel del juez en el proceso de aplicación de las leyes y le reserva un *espacio creativo* que le corresponde a él y no puede ser rellenado por el legislador.

Sobre estas bases, la doctrina de primeros de siglo subraya que el sometimiento de los jueces únicamente a la ley es la clave de su independencia. La subordinación a la ley explica entonces la exclusión de relaciones de dependencia con otros poderes; también es corolario de esta exposición que ninguna otra autoridad u órgano se puede interferir en el ejercicio de la función judicial. Están en estas exposiciones echadas las raíces doctrinales para una explicación estrictamente jurídica de la independencia de los jueces; explicación separada del problema de la conducta de los mismos (a lo que hace referencia la reclamación de neutralidad o imparcialidad), o la cuestión de su separación de hecho de otras autoridades (que es el tema de la inamovilidad).

Aparece ahora revelado, por tanto, frente a las polémicas políticas menos afinadas del siglo XIX, que independencia significa dependencia de la ley y de nadie más. Pero esta dependencia a su vez se matiza para que la función jurisdiccional no se agote con las anticipaciones que el legislador pueda hacer en las leyes que aprueba. La separación de poderes no significa, de acuerdo con estas concepciones, solamente que los poderes no se interfieran entre sí, sino también que la *relación entre el legislador y el juez se lleve de forma que la ley deje sitio al juez para ejercer sus tareas.*

Hacia dónde apuntan, en fin, las polémicas de la mejor doctrina publicista de primeros de siglo (LABAND, JELLINEK, KELSEN, SCHMITT, DÜGUIT, CARRÉ DE MALBERG) *es a determinar si debe establecerse que, junto a las reservas de ley que las constituciones proclaman, forma parte también del equilibrio constitucional y es una garantía de la separación de poderes, la existencia de verdaderas reservas de jurisdicción, cuyo respeto por el legislador sería la cifra última de la independencia de la Justicia.*

2. LA CONFIGURACIÓN DE LA INDEPENDENCIA DE LOS JUECES EN LA CONSTITUCIÓN DE 1978

A) *Las declaraciones de la Constitución y su interpretación por el Tribunal Constitucional*

El artículo 117 de la Constitución española, que es el primero del Título V (dedicado a la regulación del "Poder Judicial"), contiene las siguientes declaraciones fundamentales sobre el tema que nos ocupa:

> 1. La justicia emana del pueblo y se administrar en nombre del Rey y por Jueces y Magistrados integrantes del poder judicial, independientes, inamovibles, responsables y sometidos únicamente al imperio de la ley.
>
> 2. Los jueces y magistrados no podrán ser separados, suspendidos, trasladados ni jubilados sino por alguna de las causas y con las garantías previstas en la ley.
>
> 3. El ejercicio de la función jurisprudencial, juzgando y haciendo ejecutar lo juzgado, corresponde exclusivamente a los Juzgados y Tribunales determinados por las leyes, según las normas de competencia y procedimiento que las mismas establezcan.

Junto a las regulaciones fundamentales, el propio precepto proclama el principio de unidad de jurisdicción y prohíbe los tribunales de excepción (párrafos 5 y 6).

El artículo 122 consagra en sus párrafos 2 y 3 al Consejo General del Poder Judicial como "órgano de gobierno del mismo". Y el artículo 127 establece la exigencia de independencia e imparcialidad de los jueces por la vía de declarar su incompatibilidad con el desempeño de otros cargos públicos y con la prohibición de pertenecer a partidos políticos y sindicatos.

En la Sentencia 108/86, de 29 de julio (AP c. LOPJ) formuló el Tribunal Constitucional la exposición más detenida que conozco sobre la significación de la independencia de los jueces. Conviene, dada la importancia del texto, transcribir sus párrafos fundamentales. Respecto de la independencia del Poder Judicial dice que

> No hay duda de que constituye una pieza esencial de nuestro ordenamiento como del de todo Estado de Derecho, y la misma Constitución lo pone gráficamente de relieve al hablar expresamente del "poder judicial", mientras que tal calificativo no aparece al tratar de los demás poderes tradicionales del Estado, como son el Legislativo y el Ejecutivo. El Poder Judicial consiste en la potestad de ejercer la jurisdicción y su independencia se predica *de todos y cada uno de los jueces* en cuanto ejercen tal función, quienes propiamente integran el poder judicial o son miembros de él porque son los encargados de ejercerla...
>
> Naturalmente, la independencia judicial (es decir, la que cada Juez o Tribunal en *el ejercicio de su jurisdicción*) debe ser respetada tanto en el interior de la organización judicial (artículo 2 LOPJ) como por "todos" (artículo 13 de la misma ley). La misma Constitución prevé diversas garantías para asegurar esa independencia. En primer término *la inamovilidad, que es su garantía esencial* (artículo 117.2); pero también *la reserva de Ley Orgánica* para determinar la constitución, funcionamiento y gobierno de los Juzgados y Tribunales, así como el estatuto jurídico de los jueces y magistrados (artículo 122.1), y su régimen de incompatibilidades (artículo 127.2). No es necesario ni posible entrar aquí en un examen detallado de la especial situación del poder judicial y de sus integrantes en la Constitución, aunque conviene señalar que esa independencia tiene como contrapeso la responsabilidad y el estricto acantonamiento de los jueces y magistrados en su función jurisdiccional y las demás que expresamente le han atribuido por ley en defensa de cualquier derecho (artículo 117.4), disposición esta última que tiende a garantizar la separación de poderes.

La explicación sobre el contenido constitucional de la independencia de los jueces y magistrados que lleva a cabo esta sentencia, concluye con una alusión a las "*garantías específicas*" que han incorporado algunas Constituciones para asegurar que "esa independencia no se vea perturbada por medios más indirectos o sutiles. En este sentido, siguiendo el ejemplo de la Constitución italiana de 1948 o de la portuguesa de 1976, el artículo 122.2 de nuestra Constitución prevé la existencia de un «Consejo General del Poder Judicial»", que se configura de forma que deba asumir obligatoriamente aquellas funciones "que más pueden servir al Gobierno para intentar influir sobre los Tribunales: de un lado, el posible favorecimiento de algunos jueces por medio de nombramientos y ascensos; de otra parte, las eventuales molestias y perjuicios que podrían sufrir con la inspección y la imposición de sanciones".

En este aspecto de la posición constitucional del Consejo General del Poder Judicial, han puesto especial énfasis la Sentencia TC 108/86, cuyos párrafos fundamentales se acaban de transcribir, y la Sentencia TC 45/86, de 17 de abril (Consejo General del Poder Judicial c. LOPJ). Sobre todo para remarcar que la finalidad del Consejo es privar al Gobierno de funciones que pueden permitirle interferirse en la actividad de los jueces, asignándolas a un "órgano autónomo separado". La precisión es enormemente importante. Lo que la Constitución garantiza al consagrar el principio de independencia es la autonomía de cada juez en el ejercicio de su función jurisdiccional. Se deriva de ello que el Consejo General del Poder Judicial no es un órgano de autogobierno de la judicatura, no es un órgano representativo de los jueces y magistrados (incluso la Sentencia TC 45/86 estima incompatible con la independencia de los jueces la pretensión de reconocer al Consejo funciones representativas de los mismos); la garantía para la independencia de los jueces y magistrados que resulta de la existencia del Consejo: "no consiste en que sea el órgano de autogobierno de los jueces sino en que ocupe una posición autónoma y no subordinada a los demás poderes públicos".

La interpretación por la jurisprudencia del significado del principio de independencia ha sido desglosada en otras muchas sentencias que han examinado aspectos más concretos de la configuración constitucional de la justicia. Sin perjuicio de que, en la medida en que sea preciso para el desarrollo de este estudio, atendamos más adelante al contenido de las mismas, tenemos ya elementos de análisis suficientes para tratar de glosar las garantías constitucionales de la independencia.

B) *Aproximación general a las garantías de la independencia de los jueces. El sentido de la jurisprudencia y las exposiciones doctrinales dominantes*

La exposición de la jurisprudencia constitucional hasta ahora efectuada nos pone ante una versión clásica, que coincide con las interpretaciones más extendidas de la doctrina sobre el contenido de las garantías de la independencia de los jueces.

Es decir:

• Existe una reserva de ley orgánica para la determinación de la constitución, funcionamiento y gobierno de los juzgados y tribunales, así como el Estatuto jurídico de los jueces y magistrados y su régimen de incompatibilidades (artículos 122.1 y 127.2 CE). Junto a dicha reserva, existen otras en favor de la ley ordinaria.

• La independencia es un privilegio que alcanza a los jueces y magistrados en el ejercicio de la jurisdicción. Como ha señalado I. DE OTTO, no hay un Poder Judicial titular de la potestad jurisdiccional del cual sean órganos los jueces y magistrados o los juzgados y tribunales, sino que son los propios jueces y magistrados, cada uno de ellos, los titulares de esa potestad, del poder judicial como función. Esto trae consigo importantes consecuencias en cuanto a la independencia del juez, puesto que la relación jerárquica a que da lugar la pertenencia a la organización, por ejemplo a efectos de disciplina, no puede extenderse al ejercicio de la función jurisdiccional como tal, sino que cada juez es independiente de ella sea cual sea el rango jerárquico del Juzgado o Tribunal. "La jurisdicción es, por tanto, una función de titularidad múltiple y difusa".

• Los jueces y magistrados aparecen completamente sometidos a la ley (artículo 117.1), que no solo ha de ser el parámetro de sus decisiones, sino también la norma que configura o delimita el alcance de sus funciones, determinando cuáles ha de ejercer necesariamente (artículo 117.4).

• La independencia se garantiza, pues, mediante fórmulas de carácter orgánico, especialmente las que tratan de separar a los jueces de la influencia de otros poderes, o incluso de órganos integrados en el propio poder judicial (el artículo 12.1 de la LOPJ de 1985 expresa bien esta idea: "En el ejercicio de la potestad jurisdiccional, los jueces y magistrados son independientes respecto a todos los órganos judiciales y de gobierno del Poder Judicial"). A la separación orgánica de otros poderes sirve la inamovilidad, por una parte, y la atribución del gobierno y administración de la judicatura a un órgano dotado de autonomía en su funcionamiento: el Consejo General del Poder Judicial.

• Pero, además, se arbitran fórmulas de carácter funcional que aseguran la independencia, especialmente la asignación de la misión de juzgar y hacer ejecutar lo juzgado en *exclusiva* (artículo 117.3) a los jueces y magistrados. De esta manera, se excluyen interferencias consistentes en el ejercicio de la función por órganos integrados en el Legislativo o el Ejecutivo, y no en el sistema de jueces y tribunales que otorgan justicia en régimen de "*unidad de jurisdicción*" (artículo 117.5).

Naturalmente, la jurisprudencia constitucional tiene mayores precisiones y desarrollos que los que acaban de resumirse, pero su sentido general pude extraerse de lo expuesto.

En las exposiciones doctrinales más comunes al concepto de independencia, según puede contemplarse en la Constitución, significa, sobre todo, no dependencia de ningún órgano ni poder. La independencia del juez se explica porque solamente está sometido al ordenamiento jurídico. Para lograr este sometimiento pleno, el principio de independencia opera de dos maneras: de una forma positiva, afirmando dicha sumisión; y también de una manera negativa, desconectando a los jueces y magistrados de otras posibles fuentes de influencia sobre el ejercicio de su tarea jurisdiccional.

La sumisión positiva del juez a la ley, que es la manifestación jurídica más exacta del principio de independencia, el exige que, en ejercicio de su tarea, no tenga en cuenta otros parámetros que los que el legislador le proporciona. Por esta razón había observado

KELSEN que la aplicación de derecho no es un lugar idóneo para que opere el principio democrático; este tiene su propio campo de juego en los dominios en que las leyes se elaboran. Donde las leyes se ejecutan ha de reinar el de legalidad.

El sometimiento a la ley, para ser pleno, tiene que excluir cualquier otra dependencia jerárquica en el ejercicio de la función de juzgar y hacer ejecutar lo juzgado. Como los jueces y magistrados no pueden ser sometidos a jerarquía, como si fueran funcionarios ordinarios, no es posible exigirles que apliquen reglamentos cuando estos van en contra de lo establecido en las leyes. La regla (que está recogida en el artículo 6º de la LOPJ: "Los jueces y tribunales no aplicarán los reglamentos o cualesquiera otras disposiciones contrarias a la Constitución, a la ley o al principio de jerarquía normativa") es su sometimiento a la jerarquía de la ley, y su obligación, por tanto, la de hacer primar sus determinaciones sobre cualesquiera otras.

Este es el núcleo jurídico de principio de independencia.

Para hacer efectivo ese principio en la realidad es preciso añadir a la independencia jurídica los resortes precisos para asegurar una independencia de hecho. Al servicio de este objetivo está la regla de la inamovilidad y la de las incompatibilidades. También la de la imparcialidad (que puede entenderse comprendida en el principio de sumisión a la ley) y la de la neutralidad (que se hace efectiva mediante el sistema de abstenciones y recusaciones). (J. L. REQUEJO PAGÉS ha hecho una exposición completa de estas consecuencias recientemente).

3. LAS INSUFICIENCIAS DE LAS EXPLICACIONES DOMINANTES.
LA APELACIÓN AL PRINCIPIO DE RESERVA DE JURISDICCIÓN

Con mayor o menor precisión técnica, dependiendo de las exposiciones, reaparecen en las explicaciones jurídicas del concepto de independencia las notas clásicas que, según hemos visto más atrás, han acompañado a dicha regla desde su emergencia. Es decir, sobre todo, la independencia es una exigencia, o una consecuencia, según se mire, del principio de separación de poderes. Trata de evitar toda interferencia de otros poderes sobre la actividad del Poder Judicial. De derecho ello se consigue con la sumisión del juez a la ley. Y, de hecho, situándolo en una posición de inamovilidad. A estas circunstancias clásicas se ha sumado con el tiempo la encomienda del gobierno y administración de los jueces a un órgano asimismo separado del Poder Ejecutivo (en nuestro caso, el Consejo General del Poder Judicial).

Pero, si bien se mira, hay una especie de eslabón perdido en las explicaciones doctrinales modernas más comunes, así como en las exposiciones jurisprudenciales sobre la posición constitucional de la Justicia.

Curiosamente, el hueco teórico se deja ver si se considera que la explicación de las relaciones de la Justicia con los demás poderes del Estado se ha hecho apoyándose, sobre todo, en el principio de independencia. Pero, como parece seguro, se ha sacado mucho menos provecho del principio de exclusividad que, sin embargo, como ya se ha visto, fue el que apuntó con más fuerza en las explicaciones primitivas sobre las consecuencias de la separación de poderes.

La exclusividad, que apareció como prohibición de que el Poder Legislativo y el Poder Ejecutivo ejercieran funciones jurisdiccionales, se ha usado sobre todo, en la trayectoria constitucional ulterior de dicha regla, para explicar el monopolio del ejercicio de la jurisdicción por órganos de naturaleza administrativa, eclesiástica o militar.

Así, la técnica puesta al servicio de la no interferencia de otros poderes en la tarea de los jueces ha sido más la que explica su posición como órganos —independencia— que la que ordena el ejercicio de su función —exclusividad—. Así podría explicarse la dificultad con que la doctrina evalúa, todavía hoy, supuestos en que los legisladores y administradores se interfieren en el ejercicio de la función jurisdiccional.

Tal vez ello se deba a que haya podido extenderse la opinión de que la cuestión del ejercicio de la jurisdicción por el Legislativo o el Ejecutivo es hoy una cuestión baladí. Quizás pueda pretenderse que estas situaciones se daban en los tiempos preconstitucionales, pero parece que la abstención del ejercicio por esos dos poderes de la función jurisdiccional es el aspecto más inconmoviblemente consagrado del principio de separación.

Seguramente la anterior apreciación no es falsa en términos generales. Pero, desde luego, no es completa. No puede explicar tampoco algunos fenómenos corrientes en las relaciones entre poderes.

El problema es el siguiente: está suficientemente definido que la función de la ley es la de delimitar el alcance de la jurisdicción, establecer su organización, los procedimientos a través de los que actúan los jueces, y proporcionarles, en fin, las bases materiales de que deben servirse para resolver los litigios que se les planteen. Obviamente, la presencia de las normas elaboradas por poderes externos en los dominios del Poder Judicial tiene algunos límites formales. En nuestro Derecho, por ejemplo, la exigencia de ley orgánica para la regulación de determinadas cuestiones, o la existencia de una reserva de ley ordinaria para otras. También encuentran las leyes algunos límites materiales: no se puede, por ejemplo, atribuir el ejercicio de la jurisdicción a quienes no tengan el carácter de jueces o de tribunales, ni se puede romper la unidad de la jurisdicción, ni someter a los jueces a dictados distintos de los de la ley, etc. Pero, atendidos todos estos límites, materiales y formales, ¿puede la ley tener cualquier contenido sin incidir en la independencia de los jueces o en la exclusividad de la función jurisdiccional? Y, en concreto, ¿puede el legislador incorporar a sus normas dictados o resoluciones que incumbiría a los jueces y magistrados, según la Constitución, adoptar?

Lo que debe suscitarse, como se observa, es si la posición constitucional del Poder Judicial incluye también una *Richtervorbehalt*, una reserva de jurisdicción, que se configure como un límite directo de las leyes y de las decisiones que puede adoptar el Ejecutivo que tengan un contenido materialmente jurisdiccional.

El problema no ha sido planteado hasta ahora, salvo error, en nuestra jurisprudencia constitucional, y sin embargo es crucial para resolver problemas de primer orden que ya se han suscitado en aplicación de la Constitución.

Por ejemplo, cuando el legislador dicta una ley de contenido interpretativo, ¿será asumiendo o no una tarea que corresponde solo a los jueces? Cuando el legislador dicta una ley concreta que resuelve un problema específico que ha sido objeto de controversia, ¿está ejerciendo o no una función jurisdiccional que no le pertenece? Cuando el legislador convalida o aprueba una reglamentación o un acto que es o ha sido declarado nulo, ¿está o no juzgando en sustitución de los jueces y magistrados, o imponiéndoles decisiones contenciosas?

De acuerdo con esta línea de análisis, la división de poderes a que la Constitución se acoge conduciría a establecer reservas funcionales en beneficio de cada uno de ellos. De entre estas reservas, en el plano que ahora importa, lo dicho llevaría a la afirmación de la existencia, junto a la reserva de ley clásica, de una reserva de jurisdicción (la cuestión de la reserva de Administración, que plantea problemas específicos, tiene también un tratamiento constitucional diferente) pensada para mantener igualmente el equilibrio constitucional y también en garantía de la libertad, ya que se trata de evitar que el legislador o la Administración cumplan su propio papel y, al tiempo, el de los jueces. En cuanto al primer elemento de la mezcolanza de poderes indicada, así lo había visto, hace más de doscientos años, en los albores del régimen constitucional, HAMILTON, cuando observaba que "es mucho más racional que los tribunales hayan sido concebidos como un cuerpo intermedio entre el pueblo y la legislatura, con la finalidad, entre otras varias, de mantener a esta última dentro de los límites asignados a su autoridad", lo que no dice solo para ilustrar del sometimiento del legislador a la Constitución, sino para evitar que ejerza funciones que son propias de los jueces.

Determinar cuáles son las materias que constituyen la reserva de jurisdicción es, desde luego, un ejercicio complejo, dada la necesidad de operar con conceptos generales en un asunto en el que, como prueba de la técnica de la reserva material de ley, es preciso operar caso por caso.

Intentaremos más adelante, fijados ya los términos generales del problema, concretar, usando dicho método consistente en particularizar supuestos, una aproximación más exacta al concepto.

Interesa, sin embargo, decir, antes de detenerse en otros desarrollos, que la profundización en el alcance de la exclusividad, como clave original de la independencia, tiene también consecuencias muy notables para la relación del Ejecutivo con el poder jurisdiccional.

En efecto, en el entendimiento clásico de estas relaciones, la separación de poderes supone, como ya hemos recordado, la exclusión del Ejecutivo de la función de juzgar. Pero este es un propósito que, supuestamente conseguido inmediatamente, pasa a un segundo plano y es sustituido por el debate sobre las interferencias políticas en el nombramiento, ascensos y disciplina de los jueces y magistrados, es decir, sobre el tema de la inamovilidad y sus complementarios.

Sin embargo, que yo sepa, no se ha planteado con todo su alcance las consecuencias en ese olvido. El entendimiento a la francesa de la idea de separación llevó a organizar un control de la actividad de la Administración que o bien era practicado por ella misma (o a través de órganos que primero actuaron por simple delegación —justicia retenida— y luego en ejercicio de poderes propios —justicia delegada—), o bien por órganos jurisdiccionales dotados de poderes medidos, no plenarios, tributarios, en todo caso, de la versión francesa de la separación de poderes. Ello ha permitido que en casi todo el continente europeo y, desde luego, entre nosotros, se extienda una fórmula de Justicia administrativa que compatibiliza su existencia con la retención (que tiene justificaciones históricas que se recordarán más adelante) de poderes materialmente jurisdiccionales en manos del Ejecutivo.

Si pudiera sostenerse, como pensamos, que la consagración constitucional de la independencia de los jueces y magistrados y de la exclusividad de su función pone un nuevo énfasis en la reserva a los mismos del ejercicio de la jurisdicción, la consecuencia sería que habría de levantar algunos pilares clásicos sobre los que está asentado el sistema de la jurisdicción contencioso-administrativo o, si se prefiere, habría que terminar de depurar todos aquellos restos de poder jurisdiccional que aún quedan en manos de las Administraciones Públicas.

CAPÍTULO II

LA CONFIGURACIÓN CONSTITUCIONAL DEL PODER JUDICIAL Y LOS LÍMITES DE LAS INTERVENCIONES LEGISLATIVAS

1. PLANTEAMIENTO

Según acabamos de considerar, de dos maneras fundamentales pueden ser contempladas las interferencias entre el Poder Legislativo y el Judicial a efectos de evitarlas. La primera forma de preservación de la jurisdicción es el establecimiento de una reserva de ley en todo lo que concierne a la organización, funcionamiento, competencias, régimen personal y responsabilidades de los jueces. Esta reserva tiene, por su parte, diversas variantes: en el plano formal, determinando el rango de las normas que han de contener algunas de las regulaciones atinentes a la Justicia; en el plano material, obligando a que la ley contenga la ordenación de determinadas materias establecidas en la propia Constitución. Las regulaciones de la Constitución son el fundamento de la reserva de ley, pero también el límite de las determinaciones legales que no pueden desvirtuar los principios constitucionales.

La segunda forma de controlar las inmisiones del legislador se refiere a la prohibición de que la ley asuma directamente la función de juzgar y hacer ejecutar lo juzgado, que es el *Kernbereich* o núcleo típico de la función jurisdiccional. Al contrario de lo que ocurre con la reserva de ley, no existe en este caso una predeterminación constitucional de las materias en las que no puede entrar el legislador, por estar reservadas a la jurisdicción. La determinación de estos supuestos, sobre cuya existencia real hemos de reflexionar en las páginas siguientes, tiene que hacerse no con carácter general sino, todo lo más, concretando supuestos específicos en que determinadas operaciones legales rompen el *Kernbereich* de la función jurisdiccional, arrebatándole su ejercicio a los jueces. Tal vez, como probaremos, sea imposible hacer un catálogo de los supuestos de reserva. A los efectos de nuestro estudio nos conformaremos con una aproximación que nos permita concluir si puede hablarse o no legítimamente de la existencia de una reserva de jurisdicción.

2. LA RESERVA DE LEY Y LA REGULACIÓN DE LA FUNCIÓN JURISDICCIONAL

A) *Los límites materiales de la regulación legal de la función jurisdiccional*

La encomienda constitucional a la ley para que regule el régimen de los jueces y magistrados y de los juzgados y tribunales deja abierto el problema de los límites de las leyes reguladoras de la jurisdicción y sus agentes.

En la Sentencia del TC 45/86 (CGPJ v. LOPJ) se ha planteado el problema de la posible existencia de un límite a las regulaciones legales del estatuto de los jueces y magistrados, derivado de la existencia de un reserva reglamentaria en el propio artículo 122.2 de la Constitución en favor del Consejo General del Poder Judicial. El Consejo General, al suscitar el conflicto de competencias que dio lugar a la sentencia citada, defendía que cuando la ley no agota la regulación del Estatuto jurídico de los jueces y magistrados y se remite a la potestad reglamentaria para que lo complete, debe apelar precisamente a la potestad reglamentaria del Consejo General del Poder Judicial, y no a la del Gobierno. El Tribunal Constitucional negó, sin embargo, la existencia de esta reserva reglamentaria. "Regulando el ejercicio de la potestad reglamentaria del Gobierno —dijo el Tribunal—, las Cortes no han hecho sino legislar sobre la producción del derecho, normativa misma que no escapa, genéricamente, al posible contenido de la ley. Es claro que, a través de esta fuente y con subordinación a la Constitución, *las Cortes generales ostentan la competencia sobre las competencias en el seno del ordenamiento estatal por referencia al conjunto de sus instituciones centrales*".

La Sentencia del TC 108/86 (AP v. LOPJ) ha insistido en este mismo argumento.

Al margen de los problemas de articulación del sistema de fuentes, que ha dado lugar a un jurisprudencia ya abundante, no plantea dudas de que son contrarias a la Constitución cualesquiera regulaciones de la jurisdicción que priven a los ciudadanos de derechos reconocidos en aquella y, especialmente, del derecho a la tutela judicial efectiva. De ello hay ya múltiples muestras en nuestra jurisprudencia constitucional que ha debido interpretar o, en su caso, anular, regulaciones que incurrían en dicho vicio. Por ejemplo, la Sentencia del TC 39/83, de 16 de mayo reconoció la derogación del artículo 40.f) de la Ley Reguladora de la Jurisdicción Contencioso-Administrativa de 16 de diciembre de 1956, porque aceptaba que mediante una ley se pudiera excluir asuntos administrativos del conocimiento de la jurisdicción contencioso-administrativa (sobre ello, también, el auto 60/80, de 22 de octubre). La Sentencia 80/83, de 10 de octubre, declaró derogadas las precisiones de la Ley de 20 de julio de 1963 y de su reglamento, en cuanto establecían la exclusión de la revisión jurisdiccional de las resoluciones dictadas por el Tribunal de Defensa de la Competencia. La Sentencia 22/84, de 17 de febrero, declaró que la protección constitucional del domicilio debe respetarse en el procedimiento, siendo precisa una resolución judicial que autorice la entrada en el mismo. La Sentencia 90/86, de 2 de julio, ha exigido que los requisitos previos al proceso, como las consignaciones previas, se establezca de manera que no dificulten el acceso a la Justicia. En la Sentencia 1/81, de 26 de enero, ha considerado que los principios constitucionales de aconfesionalidad del Estado y de libertad religiosa inciden sobre la regla de la exclusividad jurisdiccional, impidiendo que los jueces españoles puedan actuar como meros ejecutores de las sentencias de La Rota. Las Sentencias 101/84, de 8 de noviembre y 85/88, de 6 de mayo, entre otras, han considerado inconstitucionales regulaciones que vulneraban la regla material contenida en el artículo 24.2 de la Constitución, que consagra el derecho a ser juzgado por un juez ordinario predeterminado por ley, las Sentencias 145/88, de 12 de julio y 164/88, de 26 de septiembre, han considerado inadmisibles constitucionalmente las regulaciones de la instrucción y enjuiciamiento de los procesos, que permitían a los instructores intervenir en la formación de las resoluciones de fondo, etc.

Más complejidad presentan aquellos supuestos en que la ley no recorta el alcance material de la función jurisdiccional, pero la deteriora o matiza, incide en ella restringiéndola de alguna manera.

En este orden de cuestiones, la experiencia constitucional norteamericana presenta ejemplos enormemente expresivos.

Como ha resumido L. TRIBE, no está definitivamente resuelto en la jurisprudencia del Tribunal Supremo norteamericano en qué medida el Congreso puede atribuir la resolución de litigios o problemas contenciosos a jurisdicciones que no reúnen las características exigidas en el artículo III, Sección 1ª, de la Constitución. Este precepto asigna la función jurisdiccional "ordinaria" solo al Tribunal Supremo, remitiendo la creación y establecimiento de los tribunales inferiores a una decisión del Congreso. Pero respecto de todos los jueces, el mismo precepto exige que mantengan una buena conducta y que reciban "periódicamente por sus servicios una compensación que no podrá disminuirse mientras desempeñen sus puestos".

Los problemas que suscita la aplicación de este precepto están planteados en el constitucionalismo americano al menos desde la sentencia *American Insurance Co. v. Canter*. El juez Marshall ya dijo entonces "que la jurisdicción tiene que ser ejercitada en los Estados a través de Tribunales en los que se cumplan las exigencias del artículo III de la Constitución". Mucho más recientemente, este problema se ha planteado en el caso *Northern Pipeline construction Co. v. Marathon Pipe Line Co.*, en el que se declara con toda firmeza la prohibición de encomendar determinados asuntos a órganos distintos de los jueces a que se refiere el artículo III, Sección 1ª, de la Constitución. En este caso *Marathon* lo que hizo el Tribunal fue invalidar la *Bankruptey Act* de 1928 porque atribuía el poder de conocer sobre quiebras a jueces que no cumplían los requisitos de buena conducta y protección contra la disminución de salarios que establece el artículo III. El caso fue enormemente controvertido pero en esa línea se ha mantenido el Tribunal Supremo. Por ejemplo, en *Thomas v. Union Carbide Agricultural Products*, el Tribunal estimó por unanimidad que era contrario a la Constitución un procedimiento de arbitraje establecido en la ley de insecticidas y raticidas. En 1986 insistió, en el asunto CFTE, que es contrario a la Constitución conferir a una Comisión, distinta de los Tribunales de Justicia, la resolución de asuntos de comercio, etc.

En la jurisprudencia norteamericana la misma declaración de inconstitucionalidad se aplica a las medidas que, bajo pretexto de regular algún aspecto de la jurisdicción, se interfieren, en verdad, en la regulación de un caso concreto. La sentencia clásica del Tribunal Supremo de los EE. UU., en esta materia es la dada en el caso *United States v. Klein*. El ciudadano Klein había reclamado ante un Tribunal la devolución de unos terrenos en aplicación de lo establecido en una ley de 1863, que reconocía el derecho a recuperar terrenos requisados o abandonados durante la guerra civil, si el reclamante probaba que no había ayudado a la rebelión. Aplicando esta previsión, y considerando que el interesado había obtenido un perdón presidencial, el Tribunal de Reclamaciones estimó que se daban los requisitos para acceder a la petición. Sin embargo el Gobierno apeló ante el Tribunal Supremo y, cuando estaba pendiente la apelación, el Congreso aprobó una ley estableciendo que un perdón presidencial no podía soportar o fundamentar una reclamación de propiedades requisadas. Y añadía que, bien por el contrario, la circunstancia de que se solicitara un perdón equivaldría a la evidencia de que el reclamante había ayudado al enemigo.

El Tribunal Supremo, cuando conoció del asunto, declaró que la restricción contenida en la nueva ley era inconstitucional. Los poderes atribuidos al Congreso por el artículo III de la Constitución —dijo— y que pueden usarse para delimitar el ámbito de la jurisdicción, no dan también títulos para denegar a un perdón presidencial los efectos que un Tribunal le había reconocido previamente. El Tribunal Supremo concluyó que el Congreso se había excedido en su poder para regular la jurisdicción de apelación, sobrepasando los límites que separan el poder legislativo y judicial.

B) *En particular, la independencia de los jueces como límite a la ley. El ejemplo de la jurisprudencia del Tribunal Europeo de Derechos Humanos*

Cualquiera de los principios constitucionales que ordenan la Justicia en los artículos 117 y siguientes, o que proclaman el derecho a la tutela judicial efectiva (artículo 24) se levantan como límites a la tarea del legislador, según venimos viendo.

Es más difícil que se planteen supuestos en que deba cuestionarse una ley o norma (fuera de los casos en que el problema radica en la inobservancia de las reglas atinentes a la jerarquía de la norma empleada) por contener regulaciones contrarias a la independencia. Decimos ahora contrarias a la independencia en el sentido jurídico que hemos dado a este concepto: sometimiento a la ley. No suele haber regulaciones que, de forma directa o indirecta, pretendan otra cosa, como no sea afectando a principios, como el de exclusividad, que ya hemos considerado, que son también una salvaguarda de la independencia. O, en el mismo sentido, que afectan a reglas, como la del juez ordinario predeterminado por ley que, según el propio Tribunal Constitucional recuerda en sus Sentencias 101/84 y 95/88, de 6 de mayo, está al servicio de "la independencia e imparcialidad" de los jueces. Del mismo modo, las vulneraciones a la regla de la exclusividad son también lesiones al principio de independencia (STC 1/81, de 26 de enero, en relación con la jurisdicción eclesiástica). O, en fin, cualquier agresión al principio de inamovilidad, que es asimismo una manifestación clave de la independencia. En este sentido, el Tribunal Constitucional ha dicho en su *Sentencia 108/86, AP v. LOPJ*, que la "*independencia de los jueces* supone que no puedan ser sometidos, en principio, a normas de rango inferior a la ley y, muy especialmente, a los reglamentos que puede dictar el Gobierno (artículo 117.1). Y ello no solo en el ejercicio de la potestad jurisdiccional, sino también en su propio *status*, pues lo contrario supondría la posibilidad de influir en su situación personal con los riesgos que ello acarrea respecto a la misma función jurisdiccional... El *status* de los jueces y magistrados, es decir, el conjunto de derechos y deberes de los que son titulares como tales jueces y magistrados, ha de venir determinado por ley y más precisamente por Ley Orgánica (art. 122.1 CE)".

Las normas que atacan al principio de independencia suelen hacerlo, como muestra la preocupación que expresa el Tribunal Constitucional en la anterior sentencia, más que en el plano de la posición jurídica general de los jueces, en relación con su independencia de hecho, es decir, con su inamovilidad, con la separación efectiva de otras influencias, particularmente las que pueden ejercerse desde el Poder Ejecutivo.

La jurisprudencia del Tribunal Europeo de Derechos Humanos ha considerado en muchas ocasiones este problema, pues es frecuente que en aplicación de lo establecido en el artículo 6.1 del Convenio Europeo de Derechos Humanos, se cuestione ante él si un determinado órgano es o no independiente. El artículo 6.1 citado dice que "toda persona tiene derecho a que su causa sea oída, equitativa, públicamente y dentro de un plazo razonable, *por un Tribunal independiente e imparcial, establecido por la ley*, que decidirá los litigios sobre sus derechos de carácter civil o sobre el fundamento de cualquier acusación en materia penal dirigida contra ella...".

La fijación de lo que debe entenderse por "Tribunal independiente e imparcial, establecido por la ley" ha ocupado al Tribunal Europeo de Derechos Humanos. Las ocasiones más frecuentes en que dicha cuestión se ha debatido han sido a propósito de si cumplían aquellas circunstancias órganos de naturaleza arbitral, diferentes de la jurisdicción clásica, o también órganos jurisdiccionales en los que se da la presencia de fiscales o funcionarios en cuya designación tiene una fuerte influencia directa el Gobierno.

El Tribunal Europeo tiene dicho en una jurisprudencia muy consolidada que por "tribunal", en el sentido del artículo 6.1 del Convenio, no hay que entender "necesariamente una jurisdicción de tipo clásico" (sentencias *Campbell y Fell* de 28 de junio de 1984 y *Lithgowo y otros* de 8 de julio de 1986, entre otras). Esta concepción hace compatibles con el convenio muchos organismos que se ocupan de la composición administrativa de controversias. Para determinar seguidamente si un "tribunal" es "independiente" como exige el Convenio, la jurisprudencia tiene en cuenta tres parámetros fundamentales: la independencia de hecho que el Tribunal tiene tanto del Ejecutivo como de las partes involucradas en el proceso; la duración del mandato de sus miembros (la estabilidad, por tanto, en el cargo, o, por el contrario, su dependencia estricta de decisiones del Gobierno), y las garantías ofrecidas por el procedimiento que debe seguirse para resolver (sentencias *Delcart* de 17 de enero de 1970, *Le Compte* de 23 de junio de 1981, *De Wilde* de 18 de junio de 1971, *Piersack* de 1 de octubre de 1982, *Ettl* de 23 de abril de 1987, etc.).

La jurisprudencia española, como ya se ha dicho, no da el carácter de tribunales a organismos de composición administrativa de controversias o con funciones arbitrales, pero tampoco los considera contrarios a la exclusividad de la función jurisdiccional ni a su independencia, si no obstaculizan el acceso a la Justicia.

C) *Los límites formales de las regulaciones legales.*
Algunos supuestos significativos

a) *La regulación de la Justicia y el estatuto personal de los jueces y magistrados por ley orgánica.* El artículo 122.1 de la Constitución exige que se regulen por ley orgánica "la constitución, funcionamiento y gobierno de los juzgados y tribunales, así como el estatuto jurídico de los jueces y magistrados de carrera que formarán un Cuerpo único, y del personal al servicio de la Administración de Justicia".

La exigencia de ley orgánica para estas regulaciones no plantea muchos problemas que deban glosarse. A la amplitud material de dicha reserva ha tenido ocasión de referirse ya el Tribunal Constitucional en algunas ocasiones. Referiré algún caso significativo.

En la Sentencia 60/86, de 20 de mayo (medidas urgentes de reforma administrativa) el Tribunal Constitucional consideró que era inconstitucional la regulación mediante decreto-ley de la situación administrativa en que quedarían los miembros del Poder Judicial que pasaran a desempeñar determinados cargos públicos. La reserva de ley orgánica, según el tribunal, está formulada en el artículo 122.1 de la Constitución con tal extensión que es exigible que sea una norma de ese rango, y no decreto-ley, la que regule todas las situaciones administrativas en que puedan estar los jueces y magistrados, sean aquellas o no de carácter jurisdiccional.

En las Sentencias 45/86 (CGPJ c. LOPJ) y 108/86 (AP c. LOPJ) del Tribunal Constitucional está planteado también el problema de la remisión de parte de la regulación encomendada principalmente a la ley orgánica a normaciones reglamentarias. La reserva de ley en esta materia, como ya hemos advertido, se formula en términos bastantes excluyentes, pero, según declaró el Tribunal Constitucional en la última de las sentencias citadas, "ello no supone necesariamente que no quepa en términos absolutos ningún tipo de regulación infralegal que afecte a ese *status*. Exigencias de carácter práctico pueden imponer que regulaciones de carácter secundario y auxiliar puedan ser dispuestas por vía reglamentaria. Pero en el bien entendido de que tal tipo de disposiciones no pueden incidir en el conjunto de derechos y deberes que configuren el estatuto de los jueces y sí solo regular, como se ha dicho, condiciones accesorias para su ejercicio".

b) *La predeterminación por ley del juez ordinario.* El artículo 24.2 de la Constitución reconoce el derecho al "juez ordinario predeterminado por la ley". Esta es una exigencia material que se impone al legislador. Desde este punto de vista ya se han hecho, un poco más atrás, algunas consideraciones a esta exigencia.

Pero, desde un punto de vista formal, la cuestión es trascendente. El Tribunal Constitucional ha venido diciendo, desde su Sentencia 31/83, de 27 de abril, que "una eventual irregularidad con la designación del juez que ha de entender de un proceso puede constituir una infracción del derecho del justiciable al "juez ordinario predeterminado por la ley" del artículo 24.2 CE".

En relación con la norma que debe determinar cuál ha de ser el juez de cada caso, el Tribunal Constitucional tiene establecido, sin variaciones, que "es la ley en sentido estricto", y no el decreto-ley ni las disposiciones emanadas del Ejecutivo (Sentencia 101/84, de 8 de noviembre). Los términos de esta exigencia, a la que se han referido también la Sentencia 199/1987, de 16 de diciembre, y el auto 569/83, de 23 de noviembre, aparecen resumidamente expuestos en la Sentencia 95/88, de 6 de mayo (decreto-ley de creación de la Audiencia Nacional).

Dice esta última sentencia que la norma que ha de predeterminar el juez ordinario que debe resolver los litigios "es la ley en sentido estricto". Y ello porque "la interpretación sistemática entre los artículos 24.2 y 117.3, ambos de la Constitución, pone de manifiesto que la garantía de la independencia e imparcialidad de los jueces, que constituye el interés directo o protegido por el juez ordinario predeterminado (STC 47/83, de 31 de mayo) radica en la ley".

"*La referencia expresa a la ley* que lleva a cabo el artículo 24.2 CE se corresponde con la reserva de ley que efectúa el artículo 53.1 y la reserva similar contenida en el artículo 117.3, y refleja, en relación con las reglas fundamentales de la competencia, material y formal, *una exclusión de otras normas* —decretos leyes o disposiciones de carácter reglamentario— distintas de la ley en sentido estricto, por cuanto que esta se configura como la garantía de la independencia e imparcialidad judicial".

c) *El reparto de materias entre jurisdicciones y de asuntos entre Salas.* La jurisprudencia constitucional ha abordado varias veces el problema de la existencia de límites materiales y formales al reparto de asuntos entre jurisdicciones y entre Salas.

Ante un supuesto de aplicación de una declaración legal que hacía competente en un determinado asunto a la jurisdicción civil y no a la laboral, se ha planteado si existe algún límite a esa libertad dispositiva del legislador. La Sentencia 49/1983, de 1 de julio, resuelve que no puede entender violado ningún precepto constitucional por la simple circunstancia de que la normativa aplicable remita a una jurisdicción concreta.

La Sentencia 47/1983, sin embargo, había reprobado la regla, establecida en normas preconstitucionales, según la cual los presidentes de las Audiencias Territoriales y Audiencias Provinciales podían presidir cualquier Sala o Sección. Tal mecanismos, dijo el Tribunal Constitucional, no responde plenamente a la exigencia constitucional según la cual las reglas de designación de los titulares de los órganos colegiados han de poseer "el grado de concreción necesaria para asegurar la independencia e imparcialidad de los tribunales".

Ninguna tacha de inconstitucionalidad ha merecido al Tribunal que las reglas de reparto de asuntos entre jueces de una misma ciudad sean establecidas por normas internas (auto 652/1986) ni que las controversias sobre el juez competente sean resueltas directamente por los órganos del Poder Judicial (auto de 11 de junio de 1986).

El Tribunal Supremo también ha afirmado en su Sentencia de 6 de abril de 1989, acogiendo los principios establecidos en toda la jurisprudencia constitucional que va citada, que el reparto de asuntos entre las tres Salas de lo contencioso-administrativo que han estado en funcionamiento hasta la entrada en vigor de la última reforma, tampoco está afectado por el principio de reserva de ley. El reparto se podía ejecutar correctamente, según se venía haciendo, por órdenes del Ministerio de Justicia dadas a propuesta de la Sala de Gobierno del Tribunal.

3. LA RESERVA DE JURISDICCIÓN Y LA POSICIÓN CONSTITUCIONAL
   DE LA JUSTICIA EN RELACIÓN CON EL LEGISLADOR

El legislador no puede sustituir a los jueces y magistrados en el ejercicio de la función jurisdiccional. Este es un límite constitucional a la potestad legislativa que, formulado como tal, es la expresión de una reserva de aquella función jurisdiccional a los jueces y magistrados. Esta es una de las manifestaciones de la atribución "exclusivamente" (artículo 117.3 CE) a ellos de dicha tarea. La ruptura de la regla de la exclusividad puede producirse de muchas maneras. Ocurre, obviamente, cuando el legislador admite que ejerzan jurisdicción órganos que no son jueces y tribunales. Pero también cuando la ley asume directamente el ejercicio de la función de juzgar.

Seguramente, como ya se ha advertido, es imposible hacer una relación completa de los supuestos en que la ley, por su contenido, invade la función jurisdiccional ejerciéndola directamente. Es compleja la fijación exacta de los contornos del núcleo esencial de esa función cuyo ejercicio está prohibido a los demás poderes. Pero, como ya se ha advertido, el propósito de esta investigación no es recorrer enteramente las líneas delimitadoras del principio, sino reconocer su operatividad en algunos casos concretos. A este efecto, el análisis que sigue se referirá a supuestos que permiten alumbrar bien el alcance del problema.

A) *Los restos de las funciones judiciales del legislativo*

Se mantienen en todas las Constituciones modernas algunas fórmulas que permiten al legislativo el ejercicio de funciones que o son materialmente jurisdiccionales o son condición indispensable para el acceso a la Justicia o para el desarrollo del proceso.

Naturalmente, no se trata en estos casos de supuestos de usurpación legislativa de la función jurisdiccional, al menos en principio, ya que son interferencias en el dominio de la reserva de jurisdicción que están constitucionalmente admitidas. Lo que no quita, desde luego, que puedan darse extralimitaciones en el ejercicio práctico de las mismas.

Uno de estos residuos de función jurisdiccional es el previsto en el artículo 102 de la Constitución. Este precepto se refiere a la responsabilidad criminal del Presidente y de los demás miembros del Gobierno. En su párrafo 2 establece que "si la acusación fuera por traición o por cualquier delito contra la seguridad del Estado en el ejercicio de sus funciones, *solo podrá ser planteada por iniciativa de la cuarta parte de los miembros del Congreso y con la aprobación de la mayoría absoluta del mismo*". Hay aquí un condicionamiento importante para la incoación del procedimiento. La intervención del Congreso está configurada como "iniciativa" y no como *acusación*. Nuestros propios precedentes legales no han seguido siempre esa solución restringida. Las leyes de 11 de mayo de 1849 y de 5 de abril de 1904, así como el proyecto de ley sobre responsabilidad criminal del Presidente de la II República, establecían que el Congreso debía nombrar de entre sus miembros una comisión o un comisario que sostuviera la *acusación*. Esta, no obstante, había de plantearse ante el Senado, al modo británico, con lo que la separación del mundo propio de la Justicia era más neta.

Los supuestos actuales más frecuentes de ejercicio por las Cámaras de funciones próximas a la judicial son, desde luego, las autorizaciones previas a que se refiere el artículo 71.2 de la Constitución: los diputados y senadores no pueden "ser inculpados ni procesados sin la previa autorización de la Cámara respectiva".

El alcance de esta potestad de las Cámaras ya ha sido objeto de alguna controversia de la que ha debido conocer el Tribunal Constitucional (Sentencias 36/81, de 12 de noviembre; 51/85, de 10 de abril; 90/85, de 22 de julio; autos 147/82, de 22 de abril; 526/1986, de 18 de junio; Sentencia 243/88, de 19 de diciembre). Interesa hacer notar, particularmente, que el tribunal no ha tenido el menor inconveniente en reconocer el carácter de actividad materialmente jurisdiccional o de actividad que "adquiere relieve" jurisdiccional a la que ejercen las Cámaras cuando deben decidir sobre suplicatorios dirigidos por los tribunales con vistas a la autorización del procesamiento de algún parlamentario.

Por ejemplo, en la crucial Sentencia 90/85, de 22 de julio (Barral), el Tribunal Constitucional tuvo que plantearse, a instancias del recurrente en amparo, si la denegación de un suplicatorio podía o no constituir una vulneración del artículo 24.1 de la Constitución, que proclama el derecho a la tutela judicial efectiva.

La jurisprudencia constitucional ha admitido en otras ocasiones que el aludido derecho pueda ser vulnerado sin necesidad de que la lesión proceda directamente de órganos de naturaleza jurisdiccional.

Las autorizaciones para procesar a que se refiere el artículo 71.2 de la Constitución lo que ponen en juego es la "disponibilidad del proceso penal", de manera que la actuación parlamentaria que conceda o deniegue el correspondiente suplicatorio "adquiere relieve jurisdiccional". La sentencia concreta aún más:

La institución de la inmunidad que se establece en el artículo 71, número 1, de la Constitución se hace efectiva mediante actuaciones que son, por el órgano que las lleva a cabo, de naturaleza parlamentaria, pero que, como hemos señalado, adquieren también significado procesal, desde el punto de vista del derecho a la jurisdicción, en cuanto suponen, dentro del proceso penal, un elemento diferenciador, cual es la necesidad de que las Cámaras respectivas den a la jurisdicción competente autorización para procesar, en el supuesto de que una acción penal se dirija frente a un Diputado o un Senador.

Pero, aun partiendo de este presupuesto y considerando la proximidad de dicha previsión constitucional de las autorizaciones previas con el desarrollo de la función jurisdiccional propiamente dicha, el Tribunal Constitucional se ha ocupado de que no se produzcan intromisiones parlamentarias efectivas en el ejercicio de aquella función. No puede usarse la exigencia de autorización previa para organizar privilegios personales y sustraer las conductas de los diputados y senadores a la decisión de los jueces y tribunales. La inmunidad se justifica en la protección del conjunto de las funciones parlamentarias. Puede emplearse por ello, la autorización previa para impedir amenazas a la inmunidad que pueden repercutir en el funcionamiento de las Cámaras o de alterar la composición de las mismas. Pero dicha protección no puede exigrimirse para *valorar la fundamentación de las acciones penales dirigidas contra los parlamentarios.* Y ello porque la defensa frente a esa falta de fundamentación no reside en la autorización para procesar, sino en la existencia de jueces y magistrados "a quienes el artículo 117, número 1, de la Constitución atribuye, de manera específica, la tarea de aplicar el ordenamiento para la Administración de Justicia".

Las razones expuestas, que llevaron al Tribunal Constitucional a anular el acuerdo del Senado por el que se denegó la autorización para procesar al senador C. Barral, han sido empleadas también, más tarde, en la Sentencia 243/88, de 19 de diciembre (García Montón *et al.*), para cuestionar que sea procedente la aplicación de la técnica de la autorización previa en los procesos de naturaleza civil, ya que es difícil pensar en que de tales procesos, en los que pueda ser parte un diputado o senador, resulte lesión para la actividad parlamentaria (se cuestiona en dicha sentencia, en particular, la exigencia de autorización previa en los procesos civiles seguidos contra diputados o senadores en virtud de lo establecido en la Ley 1/1982, de 5 de mayo, de protección del honor, la intimidad personal y familiar y la propia imagen; el requisito de la autorización fue introducido después por la Ley Orgánica 3/1985, de 29 de mayo).

B) *Las leyes de caso concreto y la prohibición
de que el legislador juzgue*

a) *La versión original del principio y su olvido ulterior.* En la tradición constitucional española la fórmula "ni las Cortes ni el Rey podrán ejercer en ningún caso funciones judiciales, avocar causas pendientes ni mandar abrir los juicios fenecidos" figuraba, procedente de las Constituciones francesas, en el artículo 243 de la Constitución de Cádiz de 1812, pero desapareció después. Las siguientes Constituciones hablaron siempre de exclusividad de la Justicia que es otra forma, aunque más indirecta, de decir lo mismo.

La formulación francesa de la regla, de la que toma ejemplo la española, está en el artículo 1º del Título III, Capítulo V, de la Constitución de 1791: *"le pouvoir judiciaire ne peut, en aucun cas, être exercé par le Corps législatif ni par le Roï"*. La práctica en contra de esta regla, mantenida durante todo el Antiguo Régimen, justifica que se pusiera énfasis directo en la prohibición de usurpación de la tarea de juzgar.

J. Barthelemy y P. Duez hicieron un análisis de las diversas consecuencias de este precepto. Para ellos, de la regla se deduce: 1) que las Cámaras legislativas no pueden dictar sentencias; 2) que el Parlamento está sometido al principio de cosa juzgada y, por tanto, no puede casar ni modificar sentencias judiciales; 3) que las Cámaras no pueden criticar una decisión judicial regularmente adoptada y definitivamente establecida; tampoco pueden inspirar el sentido de las decisiones de la Justicia.

Todas estas exigencias se mantienen, sin duda, constitucionalmente vivas, y están concentradas en el principio de exclusividad. Pero, despojado este principio de sus connotaciones antilegislativas o antimonárquicas iniciales, se le dio poco a poco un juego propio, no tan estrechamente vinculado al principio de separación de poderes y de independencia de los jueces que fueron sus causas explicativas originales. La lucha por la exclusividad se dirigió de esta manera preferentemente a la eliminación de las jurisdicciones especiales, restos de la Justicia real mantenidos en algunos Departamentos ministeriales de la época contemporánea.

Y pasó de esta manera a un segundo plano el problema de liquidar las invasiones en la independencia de los jueces y la idea de exclusividad consistente en que el Parlamento no se interfiera en el ejercicio de la función jurisdiccional o que la ejerza él mismo.

Tal vez consiga hacer notar en las páginas siguientes que el paulatino olvido de esa prohibición directa, la desatención a las inmisiones del legislador, ha llegado a consolidarse tanto que ha calado en los intersticios de la práctica constitucional, de manera que, cuando una usurpación de tal género ha llegado a producirse en nuestro tiempo, *el Tribunal Constitucional no tenía técnicas afinadas y disponibles para abortar la intromisión.*

b) *El ejemplo norteamericano de los "bills of attainder".* La valoración y enjuiciamiento directo del contenido de las leyes para evitar que estas asuman el ejercicio de funciones jurisdiccionales se ha mantenido viva, sin embargo, en el constitucionalismo norteamericano y se ha usado de forma directa como criterio para el control constitucional de las leyes.

Esta circunstancia se debe, sin duda, a la reacción frente a la práctica, extendida en el parlamentarismo británico durante el siglo XVII especialmente, de enjuiciar y condenar mediante decisiones de las Cámaras legislativas. Esta práctica se hacía efectiva mediante los llamados *bills of attainder.* Se trataba de actos del legislativo que imponían la pena de muerte sin que se siguiera el procedimiento usualmente empleado respecto de personas acusadas de crímenes serios. Si el legislativo imponía una pena menor que la de muerte, la medida se adoptaba mediante un *bill of pains and penalties.*

MONTESQUIEU, tratando en el Capítulo 19 del libro XII de *L'esprit des lois*, sobre *"Comment on suspend l'usage de la liberté dans la république"* alude a esta práctica inglesa de los *bills of attainder.* Luego se tendría en cuenta con ocasión de la elaboración de la Constitución norteamericana para prohibirla directamente.

La Constitución de los EE. UU. contiene, en efecto, dos *bills of attainder clauses.* Una se aplica a los Estados y otra al Gobierno federal. La primera prohíbe a los Estados o al Legislativo federal asumir funciones judiciales y conducir procesos. En consecuencia, prohíbe a los legislativos que, no importa la forma, apliquen a concretos ciudadanos o a grupos cualquier castigo sin seguir un procedimiento judicial (Sentencia T. S. *United States V. Lovett* de 1946).

El Tribunal Supremo norteamericano ha echado mano de la prohibición de *bills of attainder* para anular una medida del Congreso que privaba de salarios a tres empleados federales porque creía que eran subversivos (*U.S. v. Lovett* cit.). Igualmente, el Tribunal Supremo invalidó una ley que declaró nulo el empleo de un miembro de partido comunista en un *labor union* (*United States v. Brown* de 1965). El Tribunal Supremo, sin embargo, rechazó declarar ilegal una ordenanza municipal que requería que los empleados prestasen juramento de que no habían pertenecido nunca al partido comunista o a cualquier otra organización similar. Lo declaró así por estimar que no había en la ordenanza valoraciones directas de personas, sino solo criterios para el reclutamiento de empleados (*Garner v. Board of Public Works of Los Angeles*, de 1951).

Se ha planteado también la aplicabilidad de la prohibición de los *bills of attainder* a las decisiones económicas por las que se conceden o deniegan subvenciones o ayudas a empresas o grupos en concreto. El planteamiento es que estas medidas legislativas directas al tiempo que ayudan a una empresa condenan o castigan a las que están en la competencia. Normalmente, sin embargo, la prohibición de los *bills of attainder* se considera que no constituye obstáculo para estas prácticas. Aunque el Tribunal Supremo anuló una vez una ley que exceptuó nominativamente a *American Express* de una regulación económica (*Morey v. Doud* de 1957), el sentido de esa jurisprudencia fue revisada dos décadas después cuando el Tribunal no encontró argumentos para invalidar una ley que permitía a dos vendedores concretos vender por la calle en el *French Quarter* de Nueva Orleans prohibiéndolo a los demás (*New Orleans v. Dukes*, de 1976).

El Tribunal Supremo no ha aplicado nunca la técnica que estamos comentando para anular actos del Ejecutivo. Pero en la Sentencia *Joint Anti-Fascist Refugee Commitee v. MacGrath* de

1950 se planteó el mismo problema que nos viene ocupando en relación con una orden ejecutiva del Fiscal General que exigía compilar las listas de organizaciones sospechosas de subversión. El Tribunal Supremo anuló la orden a petición de algunas organizaciones incluidas en la lista. El juez Black en el voto separado concurrente de la sentencia dio razones expresivas: "las listas oficialmente preparadas y proclamadas poseen casi la cualidad de *bills of attainder* cuyo uso está prohibido desde el principio para los gobiernos nacionales y estatales... Es verdad que el *bill of attainder* clásico era una condena hecha por el legislativo... Pero no puedo creer que los autores de la Constitución, que conocían el *bill of attainder*, hubieran permitido inadvertidamente al Ejecutivo incurrir en las mismas prácticas tiránicas que han hecho del *bill* una institución odiosa".

Una última expansión de la aplicación de la técnica que examinamos se ha dado en la sentencia *Nixon v. Administration of General Services* de 1977, en la que se enjuiciaba la *Presidencial Recording and Materials Preservation Act* que preveía la custodia gubernamental de las cintas y papeles del presidente Richard Nixon. El Tribunal Supremo estableció que si bien la ley no era un *bill of attainder* en el sentido tradicional del término, porque no imponía ninguna pena, tampoco podía considerarse tal por citar personalmente al presidente Nixon, había que considerar que era un *bill* de aquella naturaleza porque daba un trato distinto a los papeles de todos los antiguos presidentes de Estados Unidos que habían tenido una custodia diferente y que ya estaban en las bibliotecas. En este sentido, y con esta ampliación, la cláusula *bill of attainder* se manifiesta como una variación de la cláusula de la *equal protection*.

c) *La polémica del constitucionalismo europeo sobre la generalidad de la ley.* En el constitucionalismo europeo (y después de las primeras y fugaces declaraciones expresas, que ya hemos comentado, que prohíben al legislativo dictar sentencias o avocar causas o desentenderse de los requerimientos de la cosa juzgada), la evitación de las leyes de condena, al estilo anglosajón, parece facilitada mediante un expediente más simple: las leyes tiene que ser generales; no es posible una ley sobre un caso concreto.

El principio de la generalidad de la ley aparece vinculado, naturalmente, al dogma de la *volonté général* que, en la construcción de ROUSSEAU, se opone a la *volonté particulière*. Como la ley es expresión de la voluntad general tampoco puede tener por objeto problemas particulares sino que, según el propio ROUSSEAU, tiene que ser *"toujours général"*, con lo que, según aclara, quiere decir que la ley tiene que considerar a los "sujetos en colectivo y las acciones como abstractas, jamás a un hombre como individuo ni una acción como particular. Así, la ley podrá decidir que habrá privilegios, pero no podrán otorgarlos nominativamente a nadie; la ley puede hacer muchas clases de ciudadanos, e incluso determinar las cualidades que darán derecho a tales clases, pero no puede nombrar a tales o cuales para que sean admitidos; puede establecer un gobierno real y una sucesión hereditaria, pero no puede elegir un rey ni nombrar una familia real; en una palabra, toda función que se refiera a un objeto particular no pertenece al poder legislativo". Esta exposición es aceptada por los hombres de la Revolución francesa, y a partir de ellos es comúnmente asumida por la práctica totalidad de la doctrina del siglo XIX y de primeros del siglo XX.

L. DUGUIT, que es uno de los más fervientes defensores, en este siglo, de dicha doctrina de la generalidad de la ley, hizo en su *Traité de Droit Constitutionnel* una exposición extensa de las múltiples ventajas que se derivan de esta circunstancia, que rompía con una manera de hacer leyes propia de la época preconstitucional, en la que se sometía a los ciudadanos a *l'incertitude et l'arbitraire des décisions individuelles*. El imperio de la ley general y abstracta regula la vida de los ciudadanos anunciando disposiciones fijas que aquellos pueden conocer anticipadamente, sabiendo exactamente las condiciones y los límites dentro de los que se deben mover. La regla legislativa da así nacimiento a un orden superior al que están sometidos al tiempo gobernantes y gobernados.

Salvo las concepciones discrepantes de LABAND y JELLINEK entre la doctrina alemana y la crítica al concepto de generalidad de la ley que formula en Francia CARRÉ DE MALBERG, la tesis de la generalidad es la comúnmente seguida por toda la doctrina europea (incluidas las portentosas cabezas de KELSEN y SCHMITT).

La observación de Laband es que la característica más notable de la ley no es su generalidad sino la procedencia de un órgano legislativo superior. Las leyes son normalmente generales, pero esto no quiere decir que lo tengan que ser siempre. "Para una ley es posible tanto decidir un litigio pendiente como declarar la validez o invalidez de un acto de gobierno, reconocer o recusar una elección u otorgar un indulto o amnistía. No hay, en una palabra, ningún objeto de la vida estatal que no pueda convertirse en el contenido de una ley". Carré de Malberg, por su parte, no critica la doctrina (considerando la exposición de L. Duguit) porque, a su juicio, sea más o menos aconsejable y benéfica, sino porque carece de una fundamentación jurídica concreta en el derecho positivo francés. En ninguna parte de la Constitución se establece, según su criterio, que las leyes tengan que ser generales. No se puede decir, a juicio de Carré de Malberg, que el ámbito del legislativo sea únicamente el de las disposiciones generales y que el poder de adoptar decisiones particulares quede siempre como función propia de la Administración. La diferencia entre el poder legislativo y el administrativo es que este solo se puede ejercer con sometimiento a las leyes y disposiciones generales. Pero, salvadas estas distancias, no puede sostenerse que una ley no pueda adoptar medidas particulares, porque entonces habría que considerar inconstitucional, por ejemplo, una ley que concede un indulto o, concluye Carré, la propia ley que prohíbe la entrada en territorio francés a las antiguas familias reinantes.

La exposición en H. Kelsen y en C. Schmitt de las razones constitucionales de la generalidad de las leyes tienen otros matices que interesa destacar ahora porque están en directa relación con la necesidad de preservar el ámbito propio de la función jurisdiccional al de las invasiones indebidas del legislador.

H. Kelsen, como ya hemos señalado antes en este estudio, parte de la ley, como norma "general" y "abstracta", para situar en ella la primera pieza del proceso creativo del derecho. La ley es general y se mantiene en el plano de la abstracción precisamente porque es una sola parte de ese proceso creativo. Este se completa luego con el concurso de otros agentes, los jueces, que aplican el mandato general al caso concreto y crean, desde luego, derecho al hacerlo. Esa labor de concretización es, sin duda, creativa y define la función constitucional del juez. Si es sustituida esta tarea del juez por el legislador, el sistema entero del proceso de creación jurídica constitucionalmente ideado tiende a desplomarse.

La idea está mucho más profundizada y especificada en C. Schmitt. Lo que, según él, ocurriría si el legislador usara las leyes para expedir órdenes o dictar mandatos concretos, o producir actos administrativos o sentencias, sería que se generaría una especie de despotismo del legislativo que extinguirá la esencia de la división de poderes. Esta forma de hacer rompe, además, la manera de actuar ordenada en el Estado de Derecho. En este sistema de organizar la convivencia jurídica, la ley da cobertura para intervenir en la propiedad y la libertad, pero las inmisiones concretas en estos dominios se producen por actos aplicativos (la intervención en la libertad y la propiedad en el constitucionalismo no se produce, dice Schmitt, por la ley —*durch Gesetz*— sino con base en una ley —*auf Grund eines Gezetzes*).

C. Schmitt apoya también su construcción sobre la necesidad de que la ley sea general en la exigencia constitucional de que los jueces sean independientes. El juez es independiente porque depende solo de la ley, pero no podría decirse que lo es si la ley pudiera contener previsiones concretas que se conformen como mandatos dirigidos al juez, que contengan instrucciones dirigidas al mismo. El juez está en una posición objetiva e independiente precisamente porque adopta sus decisiones apoyándose en regulaciones generales y abstractas. El legislador, en fin, no puede usar sus poderes para trastocar el significado de un principio sustancial del Estado de Derecho como es la división de poderes, metiéndose en el terreno de un poder distinto del propio.

d) *La aplicación por C. Schmitt de la doctrina del carácter general de las leyes a supuestos de exclusión legal del proceso debido y de expropiaciones legislativas singulares.* C. Schmitt tuvo ocasión de aplicar la teoría general que acaba de exponerse, que desarrollaría en dos dictámenes elaborados a propósito de operaciones expropiatorias singulares.

El primero de ellos se publicaría en 1926 y aludía al siguiente problema:

El artículo 153.2 de la Constitución de Weimar regulaba la expropiación forzosa de bienes, exigiendo que mediara la correspondiente indemnización salvo que la ley determinara otra cosa. Usando esta última previsión, los partidos socialdemócrata y comunista habían promovido una norma de iniciativa popular para expropiar sin indemnización las propiedades de las Casas Reales. Se votó la propuesta en junio de 1926 y no tuvo éxito en el referéndum.

C. SCHMITT dictaminó sobre los proyectos de ley que, algunos meses antes, se habían presentado en el *Reichstag* con el objetivo indicado. El primero de ellos, el comunista, decía que "todas las causas controvertidas con las Casas Reales anteriormente reinantes que se hallen pendientes ante los tribunales quedarán en suspenso hasta la entrada en vigor de una normativa legal del *Reich* (ley o referéndum). *No se admitirán nuevos procesos*".

La propuesta del grupo demócrata decía: "1. Se autoriza a los *Länder* para regular por ley del *Land*, *excluyendo la vía judicial*, las controversias jurídico-patrimoniales con las Casas Reales anteriormente reinantes, en la medida en que todavía no se hayan iniciado. 2. Si por medio de una ley del *Land* se declarase una expropiación, la indemnización podrá ser establecida *mediante ley del Land, con exclusión de la vía judicial*".

Respecto de la proposición comunista primeramente reproducida, la opinión de SCHMITT es que suponía una agresión al principio recogido en el artículo 105 de la Constitución de Weimar, según el cual "nadie puede ser privado de un juez legal". El proyecto comunista pretendía paralizar la tramitación de procesos pendientes y ordenar que se aplicaran a ellos, para resolverlos, reglas singulares, distintas del derecho procesal y material que deben usar los jueces ordinariamente para enjuiciar los contenciosos que se someten a su conocimiento. El derecho al juez legal implica, en la concepción de SCHMITT, que las reglas de competencia judicial deben estar comprendidas en leyes generales que no pueden excepcionarse para casos individuales. Una ley singular que derogara este principio para un caso concreto, constituiría un mandato contrario a la Constitución.

Pero continúa SCHMITT argumentando que la proposición comunista también resultaba contraria al artículo 102 de la Constitución de Weimar que proclamaba la regla de que los jueces son independientes y están sometidos únicamente a la ley. C. SCHMITT consideró en su dictamen que no hay ninguna independencia posible cuando la ley contiene un mandato individualizado y carece de un mínimo contenido normativo que trasciende de ese caso concreto. Si no es así, el legislador no se distinguiría del juez. No es correcto argumentar en contra que la ley no tiene límite en cuanto a su contenido, porque la función del legislador es crear leyes, no mandatos particulares. El juez está sometido a la ley, no a las órdenes del legislador. En este caso concreto, además, la proposición comunista no perseguía establecer ninguna regulación legal sino adoptar una medida política. Esto estaba claro en la intervención del diputado NEUBAUER, que defendió la proposición ante el *Reichstag* y citó allí el discurso de ROBESPIERRE ante los miembros de la Asamblea recomendando la ejecución de Luis XVI: vosotros —dijo entonces ROBESPIERRE— "no sois jueces, sino hombres de Estado, representantes de la Nación. No tenéis que pronunciar un juicio contra o a favor de un hombre, sino que debéis adoptar una medida de interés público".

La proposición del grupo demócrata le parecía a SCHMITT una vulneración del principio de igualdad al tratarse de una normativa especial que afectaría desfavorablemente a determinados ciudadanos alemanes, miembros de las antiguas familias reinantes, la "igualdad ante la ley —decía SCHMITT a este propósito— también vincula al legislador y prohíbe adoptar leyes individuales injustas y arbitrarias dirigidas contra determinadas personas". La vinculación del legislador a la ley le impide que cometa infracciones, que establezca excepciones o imponga medidas individualizadas. La potencia del legislador, el ámbito de su libre disposición, no tiene límite, pero siempre que lo haga por normas generales. Si no se aceptara esta restricción, la ley lo mismo podría usarse para separar matrimonios que para secuestrar periódicos, para disolver sociedades que para encarcelar personas sin proceso previo.

Por otro lado, la proposición demócrata suponía una infracción del artículo 153 de la Constitución de Weimar, que contenía la garantía de la propiedad y se refería a la expropiación en términos que ya hemos aludido. De acuerdo con la regulación de la expropiación en dicho precepto, es claro que la intervención expropiatoria presupone una ley pero debe contenerse no en una ley sino ser un acto expropiatorio concreto. Sería un abuso de la forma de ley emplearla en un supuesto en que la Constitución dice que el acto tiene que ser de aplicación de la ley.

C. Schmitt en el segundo de los dictámenes a que vengo aludiendo, elaborado en 1952, examina la expresión constitucional *auf Grund eines Gesetzes* (sobre la base de una ley) comentando que es la manifestación exacta de la separación que deba darse en el Estado de Derecho entre la ley propiamente dicha y su aplicación.

Este último dictamen analiza el artículo 41 de la Constitución del Estado de Hesse. Establecía dicho precepto que con la puesta en vigor de la misma quedaban *transferidas a propiedad común* determinadas ramas de la actividad económica, como la minería, la siderurgia o la energía. El problema jurídico planteado era el de la aplicabilidad directa e inmediata del referido artículo 41.1, con el efecto consiguiente de que quedaran privados los propietarios afectados de los bienes de la naturaleza indicada.

Cuando C. Schmitt elaboró este dictamen, la situación constitucional había cambiado en relación con los datos ofrecidos por el texto de Weimar. Ahora estaba vigente la Ley Fundamental de Bonn que, acogiendo los términos del debate suscitado en la época de Weimar, regula en su artículo 14 la expropiación por ley (esto es, ordenada directamente desde la ley) o con base a una ley. No obstante, en el artículo 19, que recoge la posibilidad de dictar leyes limitativas de los derechos fundamentales, se exige que la ley tenga carácter general y que no haya sido dictada tan solo para el caso concreto. De manera que es común convenir que la prohibición de dictar leyes individuales del artículo 19 afectaría al artículo 14. Además de que esa prohibición sea una máxima consustancial al Estado de Derecho por razones que ya han sido expuestas más atrás.

Ante estas nuevas circunstancias, Schmitt, aunque sin mucho gusto, reconoce que es posible la expropiación por ley. Pero es exigible que esa ley se dicte con todas las garantías propias del

Estado de derecho, entre las cuales, la asignación al Ejecutivo de poderes tasados y el sometimiento a procedimiento. Estas garantías podrían deshacerse si se admitieran las expropiaciones directas no ya por ley, sino por Constitución (*durch Verfassung*). Como, además, es imposible que la Constitución se aplique sin el auxilio del Ejecutivo, aceptar las expropiaciones por Constitución equivaldría a dejar en manos de aquel poderes omnímodos e incontrolados.

Por todo ello, SCHMITT concluía que los propietarios afectados por el artículo 41 de la Constitución de Hesse no quedaban privados automáticamente de sus bienes. Era preciso un procedimiento seguido de acuerdo con las formas exigibles en el Estado de Derecho. En realidad, la decisión del artículo 41 podía tomarse como el acto inicial de un procedimiento expropiatorio cuyo contenido habría de concretarse luego en una ley. Si así no fuera, todos los principios estructurales del Estado de Derecho se derrumbarían. La ley no ocuparía su lugar en el desarrollo de la Constitución sino que sería sustituida directamente por los administradores o los jueces.

Se comprueba, pues, en esta pareja de famosos dictámenes, la conexión que en la doctrina de SCHMITT (salvada, como es propio del cinismo con que prodigó su talento, en presencia de circunstancias excepcionales) tiene la prohibición de leyes de caso concreto con la reserva a cada uno de los poderes del Estado de su propia función. Las leyes singulares pueden, además, resultar agresivas para otros principios como se ha visto: por ejemplo, el de igualdad, o la exigencia de un procedimiento debido. *Pero lo subrayable especialmente para nosotros es que atacan el orden estructural del Estado de Derecho y pueden situar al legislador en el lugar del juez.*

e) *La valoración ulterior de la constitucionalidad de las leyes singulares. La apelación a la técnica de la ley-medida.* Los análisis de C. SCHMITT sobre los problemas jurídicos de las leyes singulares contienen también otras aportaciones que revelan la enorme calidad de su razonamiento jurídico. Está en sus escritos desarrollado (especialmente en el relativo a los poderes dictatoriales del Presidente del *Reich*) la noción de *medida*. Las medidas, en la concepción de SCHMITT, son "acciones individualizadas o disposiciones generales, adoptadas a la vista de una situación concreta que se considera anormal y, por tanto, superable, pero que no pretenden una vigencia por tiempo definido".

La cuestión que atrae particularmente a SCHMITT es la de decidir si las medidas son actuaciones fácticas, o si son medidas jurídicas. En los escritos correspondientes a la etapa final de la República de Weimar (y, particularmente, en *Legalidad* y *legitimidad*) SCHMITT insistiría en la necesidad de distinguir entre ley y medida. Su pensamiento conduce ahora, ahondando en ese doble concepto, a situaciones constitucionales límite. Sus escritos hacen un esfuerzo especial en diferenciar las ordenanzas con fuerza de ley (*Gesetzvertretender Verordnungen*) que adoptaba con cierta frecuencia el Gobierno del *Reich*, de las medidas (*Massnahme*). La distinción estaba llamada a tener una extraordinaria consecuencia práctica: las ordenanzas con fuerza de ley podían modificar leyes pero, desde luego, no la Constitución. En cambio, SCHMITT apunta que pueden existir medidas con eficacia para producir modificaciones constitucionales, aunque sean provisionales. La diferencia a que se refiere SCHMITT radica en que, según él las entiende, las medias pueden, de hecho y con carácter excepcional, ignorar determinados preceptos constitucionales. No se trata de que el Presidente, al adoptar una medida, pueda derogar o suspender preceptos constitucionales; pero sí puede desconocerlos, separarse de ellos, justificando esta desatención en la excepcionalidad de la situación.

La tesis de SCHMITT sobre las medidas se fundamenta en la idea de que es más importante la salvaguarda de la Constitución en su conjunto que el respeto a preceptos concretos incluidos en el texto constitucional, cuya infracción no tiene por qué suponer un atentado al esquema organizativo que sustenta la Constitución entera.

De aquí, en fin, se pueden sacar muchas consecuencias. Algunas más o menos anecdóticas (como la justificación de una rebaja en los salarios de los funcionarios hecha por ordenanza —ordenanzas de 1 de diciembre de 1930 y 5 de junio de 1931— sobre la que SCHMITT opinó que no vulneraba los derechos adquiridos) hasta la justificación de la dictadura, a donde para su desgracia histórica, llevaría a Schmitt su poco escrupulosa genialidad.

El problema de las leyes-medida reaparecería, después de C. Schmitt, en el panorama doctrinal alemán, en 1955, gracias al estudio que un viejo discípulo suyo, y notable administrativista, E. Forsthoff, publicó sobre las mismas en el libro homenaje a W. Jellinek.

Parte Forsthoff de recordar la concepción de Schmitt, que trata de apurar y precisar. La noción de medida se configura en este autor en relación con el concepto de ley. Lo característico de la medida es estar dirigida a una finalidad determinada; los medios usados para alcanzarla están totalmente subordinados al objeto pretendido. La norma jurídica, por el contrario, es siempre portadora de ideas que trascienden de la misma y que condensan normalmente concepciones dominantes sobre la justicia. La medida es acción. No tiene carácter constitutivo. Este rasgo es de la norma, no de la medida.

Las leyes-medida operan para regular situaciones singulares que, en atención a la complejidad creciente de los fenómenos económicos y sociales modernos, requieren la atención del legislador. Con estas actuaciones el legislador se entromete en dominios que habían estado tradicionalmente atendidos exclusivamente por el Ejecutivo. La distinción entre ley-medida y ley jurídica se usa en el pensamiento de Forsthoff para explicar lo que, a su juicio, debe ser un elemento estructural de un Estado de Derecho. En él debería quedar establecida una distinción clara entre el normar y el obrar. Es a la Administración a la que incumbe la función de actuar. La norma debe, por su parte, elaborar ordenaciones justas y racionales, objetivas y generales no establecidas precisamente para conseguir algún fin concreto.

De esta manera Forsthoff trata de equilibrar la posición del Poder Ejecutivo y de la potestad legislativa del Parlamento. El primero podría tomar todas las medidas necesarias para atender las situaciones económicas y sociales. El Parlamento, por su parte, debería limitarse a dictar leyes configuradas al modo clásico. Y, desde luego, trata Forsthoff de argumentar que es un abuso del legislador el que pretenda salirse de su reducto tradicional usando leyes-medida, actividad esta que, por la razón indicada de que es por su naturaleza propia del Ejecutivo, aspira a ver reducida al mínimo.

La dogmática de las leyes-medida, conoció aportaciones muy importantes a partir de la reunión de 1956 de la Asociación Alemana de Profesores de Derecho Público, dedicada íntegramente a dicho tema. La ponencia de MENGER, en particular, tanto por su contenido específico como por los debates que ha permitido desarrollar luego, constituyó una contribución esencial.

Interesa, a los efectos de lo que se está analizando en este estudio, recordar que MENGER muestra todo tipo de prevenciones en relación con el uso de este tipo de leyes. Y la última parte de su trabajo la dedica a señalar los límites de las leyes-medida. Destaca que son inconstitucionales *cuando se interfieren en el ámbito judicial* o en los dominios propios de los derechos fundamentales; en particular, las leyes que delimitan estos deben incorporar necesariamente criterios de justicia que no pueden ser sustituidos por intervenciones estrictamente finalistas. Insiste, por otra parte, MENGER, en que las leyes-medida no pueden modificar el Derecho existente o alterar el régimen de reparto de competencias establecido, asumiendo las asignadas con anterioridad a otros órganos del Estado.

El problema de la legitimidad de las leyes singulares que afectan a los derechos fundamentales ha sido desarrollado también por otros autores (WEHRHAHN, KRUGER, HUBER, STARCK, etc.). El artículo 19.1 de la Ley Fundamental de Bonn da ocasión especialmente para ello al establecer que "cuando de acuerdo con la presente Ley Fundamental un derecho fundamental puede ser restringido por ley o en virtud de una ley, esta deberá tener carácter general y no limitado al caso individual. Además, deberá citar el derecho fundamental indicando el artículo correspondiente". De donde la doctrina más caracterizada ha deducido que este precepto, que es clave para interpretar las limitaciones constitucionales a las intervenciones del legislador en los dominios de los derechos fundamentales, impide que se pueda incidir en los derechos fundamentales mediante leyes que solo se refieran a un caso particular. Para saber cuándo una ley es singular lo importante no es el número de personas a las que afecta, sino si el objeto de la regulación es un caso particular. El artículo 19.1 aludido contendría una especie de presunción *iuris et de iure* de la inconstitucionalidad de toda ley particular (HUBER).

f) *La alteración de la posición constitucional del juez mediante leyes individuales en nuestra práctica constitucional.* Los problemas que acaban de exponerse han reaparecido de vez en cuando en diferentes países europeos, con ocasión normalmente de operaciones expropiatorias singulares. Pero nunca, me parece, la polémica y la brillantez de las construcciones doctrinales han vuelto a rayar a la misma altura. No parecen precisas otras extensiones antes de entrar en nuestra propia práctica.

La recepción en nuestro derecho de la problemática de las leyes singulares se ha producido por diversos frentes. Normalmente vinculada al problema de la igualdad en la ley, que impediría la existencia de leyes particulares que, sin que medie una causa objetiva y razonable, den un tratamiento singular a concretos problemas o afecten de forma diferencial al ejercicio de los derechos.

Pero, al margen de estas situaciones comunes, la exigencia de generalidad de la ley para definir la posición del juez aparece en nuestra jurisprudencia constitucional también con ocasión de la interpretación del alcance del derecho al juez ordinario predeterminado por ley, que recoge el artículo 24.2 de la Constitución. Hemos recordado que, según el Tribunal Constitucional, el interés que la Constitución pretende garantizar al proclamar dicho derecho es el de "la independencia e imparcialidad" de los jueces. Y a este efecto tiene dicho reiteradamente que predeterminación por ley significa "la preexistencia de unos criterios con carácter de generalidad, de atribución competencial, cuya aplicación a cada supuesto litigioso permita determinar cuál es el juzgado o tribunal llamado a conocer del caso, *siendo la generalidad de los criterios legales la garantía de la inexistencia de jueces ad hoc*" (Sentencias 101/84, de 8 de noviembre; de 16 de diciembre de 1987; y 95/88, de 6 de mayo).

La combinación ley general y abstracta y operación ulterior de concretización, que es la clave del proceso creativo-aplicativo del

Derecho en toda la doctrina clásica que hemos recordado, aparece aquí establecida de modo exacto. La ley, además, en este caso, ha de ser general, como previene el Tribunal Constitucional, para que los jueces puedan conservar la independencia. Si no fuera así, el legislador podría entrar fácilmente en los terrenos propios de la función jurisdiccional y condicionar su ejercicio mediante mandatos. La predeterminación legal del juez, llevada a cabo del modo expresado, mantiene perfectamente separados los dos poderes.

La cuestión de la generalidad de la ley cuando se ha planteado, sin embargo, de una forma más polémica ha sido con ocasión del análisis, llevado a cabo por el Tribunal Constitucional de una ley expropiatoria. La que expropió, en concreto, todas las empresas integradas en el *holding* "Rumasa S. A." (lo que se llevó a término por el Real Decreto-ley 2/1983, de 23 de febrero, convalidado luego por la Ley 7/1983, de 29 de junio).

Como es conocido, en dos ocasiones ha tenido que pronunciarse el Tribunal Constitucional sobre esta operación expropiatoria. Lo hizo primero en su Sentencia 111/83, de 2 de diciembre (Rumasa I), en la que resolvió un recurso de inconstitucionalidad planteado contra el Real Decreto-Ley que acordó la expropiación. Y, tres años más tarde, en su Sentencia 116/86, de 19 de diciembre (Rumasa II), en la que hubo de resolver una cuestión de constitucionalidad planteada por un juez de primera instancia de Madrid, que versaba sobre si la expropiación legislativa vulnera o no el derecho a la tutela judicial efectiva que proclama el artículo 24.1 de la Constitución, al no existir en nuestro derecho un recurso directo contra las leyes para el que estén legitimados los ciudadanos.

La Sentencia 111/83 (Rumasa I) lleva a cabo, más que otra cosa, un análisis de los límites constitucionales del decreto-ley de acuerdo con el artículo 86.1 de la Constitución. Y, en particular, de la exigencia de que dichas normas solo sean dictadas en caso de "extraordinaria y urgente necesidad", y de la prohibición de que *afecten* a los derechos, deberes y libertades de los ciudadanos regulados en el Título I.

El primero de los dos problemas aludidos no tiene ahora interés para nosotros. El segundo, lo resuelve el Tribunal Constitucional negando que una operación expropiatoria ordenada directamente por la ley afecte a los derechos fundamentales. La sentencia parte, desde luego, de aceptar que "la expropiación que estamos considerando es, sin duda, un caso singular".

El Tribunal parece dar incluso un cierto trato exoneratorio a algunas posibles vulneraciones cometidas por el decreto-ley de expropiación, trato que fundamenta precisamente en que la ocasión, por excepcional, no se repetirá más ("la excepcionalidad de la situación... no autoriza a compartir temores por la extensión de la técnica utilizada a otras situaciones"), lo que es curioso que se use para aliviar la severidad del juicio jurídico. Y, en fin, sentado el carácter extraordinario de la medida, justifica en esta circunstancia las peculiaridades de la expropiación: se habían ocupado inmediatamente los bienes, sin indemnización previa y sometiendo la fijación de esta a un procedimiento especial, distinto del establecido en la legislación expropiatoria general.

El voto particular a dicha sentencia, que aparece suscrito por la mitad de los miembros del Tribunal Constitucional, plantea el problema de la legitimidad de la medida usando un parámetro fundamental: si es razonable que la ley singular se aparte del sistema expropiatorio general y module o minore las garantías establecidas en el mismo. Si esa reducción no está suficientemente justificada se estaría dando al expropiado en este caso un trato singular que sería inconstitucional (ilegitimidad constitucional que derivaría del hecho de que la regulación del decreto-ley expropiatorio "afectaría realmente al derecho de propiedad y a la garantía expropiatoria que establece el artículo 33 de la Constitución, lo que supondría una vulneración del artículo 86.1").

Usando este criterio, los magistrados discrepantes no encontraron ningún vicio que permitiera tachar el decreto-ley de inconstitucional por la forma en que declaró la utilidad pública de los bienes, pero sí estimaron que afectaba al derecho de propiedad y a la garantía expropiatoria el tratamiento singular, separado de la regulación común, contenida en la Ley de Expropiación Forzosa, que se dio a la ocupación inmediata de los bienes y al procedimiento y los criterio para fijar el justiprecio.

La conclusión del voto particular, desde la perspectiva que nos interesa, es que la ley singular no es necesariamente inconstitucional pero que puede serlo si la regulación que contiene afecta al principio de igualdad, al dispensar un trato discriminatorio a un sujeto sin que la especialidad de la situación lo requiera.

Esta tesis aparece elaborada con más detalle en la Sentencia 166/86 (Rumasa II) en la que se suscita abiertamente el problema de si son posibles leyes singulares en nuestro derecho y si pueden producirse estas para acordar expropiaciones de bienes concretos. La sentencia define la "ley singular", sin diferenciarla de las "leyes de caso único", como la "dictada en atención a un supuesto de hecho concreto y singular, que agota su contenido y eficacia en la adopción y ejecución de la medida tomada por el legislador ante ese supuesto de hecho, aislado en la ley singular y no comunicable con ningún otro".

Respecto de la legitimidad constitucional de estas leyes singulares el Tribunal dice:

1. En la Constitución no existe ningún precepto que impida que las leyes tengan un carácter singular. Sin embargo, "la vocación a la generalidad" que su propia estructura interna impone a las leyes viene protegida por el principio de igualdad en la ley establecida en el artículo 14. Lo cual no proscribe diferenciaciones o singularizaciones, sino que exige que estas no se establezcan si no existe una justificación objetivamente razonable.

2. Las leyes singulares tienen un contenido material que, al menos en parte, es actividad ejecutiva o de administración. No obstante ser admisibles intercomunicaciones entre ambas funciones, no hay que olvidar que la Constitución encomienda la potestad legislativa del Estado a las Cortes Generales —artículo 66.2— y la ejecución al Gobierno —artículo 97— y, por tanto, *"esa separación debe ser normalmente respetada a fin de evitar el desequilibrio institucional que conlleva la intromisión de uno de dichos poderes en la función propia del otro"*. Las leyes singulares, por tanto, deben adoptarse solo en supuestos excepcionales que no pueden resolverse por los procedimientos normales y por los poderes encargados normalmente de hacerlo.

Aceptada de esta manera la constitucionalidad del empleo, si concurren las circunstancias expresadas, de las leyes singulares, al Tribunal no le cuesta nada asumir también que la técnica de la ley singular pueda usarse para ordenar una expropiación. Ello será legítimo cuando la ley expropiatoria singular respete las tres garantías que establece el artículo 33.3 de la Constitución (1. que exista un fin de utilidad pública o de interés social; 2. el derecho del expropiado a la correspondiente indemnización, y 3. la realización de la expropiación de conformidad con lo dispuesto en las leyes).

Pero, según continúa argumentando la sentencia del Tribunal Constitucional 166/86, el debido cumplimiento por la ley singular de dichas garantías expropiatorias no cierra el problema de su constitucionalidad. Sobre todo porque estas leyes pueden vulnerar el derecho a la tutela judicial efectiva protegido por el artículo 24.1. Circunstancia que se puede producir por el hecho de que, dada la naturaleza de leyes formales de dichas leyes expropiatorias, no puedan los expropiados defender su derecho de propiedad ante los jueces y tribunales.

Este problema está resuelto en la sentencia afirmando que la ley expropiatoria singular no vulnera el artículo 24.1 de la Constitución. Usa para apoyar esta operación los siguientes argumentos:

1. La inexistencia en nuestro Derecho de recursos directos frente a la ley que puedan interponer los particulares no significa que queden estos indefensos. Si la *causa expropiandi* declarada en una ley singular carece de justificación razonable, o si la ley es desproporcionada, los particulares podrán, con ocasión de la ocupación de sus bienes, alegar que se ha producido una vulneración del principio de igualdad. Seguidamente, en el procedimiento judicial correspondiente, podrán solicitar del órgano judicial que planteen una cuestión de constitucionalidad ante el tribunal.

2. La sentencia reconoce que cuando una ley expropiatoria singular determina concretamente los bienes o derechos que van a ser objeto de ocupación, "produce una innegable limitación de la tutela judicial". Pero esto no es, en su criterio, obstáculo para que los particulares puedan seguir el mismo camino impugnatorio antes indicado: sostener la inconstitucionalidad de la operación

"por vulneración de su derecho a la igualdad, fundada en injustificada expropiación por ausencia de razonabilidad y proporcionalidad en la privación" de sus bienes y derechos. A este efecto sería preciso abrir la vía de la cuestión de constitucionalidad en los términos antes expresados.

Esta sentencia se adoptó con el voto en contra del magistrado Rubio Llorente, que expresó su discrepancia contestando esencialmente que las leyes expropiatorias singulares no vulneren el derecho a la tutela judicial efectiva. Justifica el magistrado su disentimiento asegurando que resulta insostenible afirmar que existe una garantía jurisdiccional efectiva frente a las leyes expropiatorias singulares, como había defendido la mayoría, apoyándose en la circunstancia de que los particulares pudieran solicitar de los tribunales ordinarios que estos a su vez plantearan una cuestión de inconstitucionalidad ante el Tribunal Constitucional contra la ley expropiatoria cuando esta vulnerara el principio de igualdad. No existe aquí, decía Rubio, una garantía jurisdiccional suficiente; no hay, por el contrario, en nuestro Derecho una tutela judicial efectiva frente a leyes expropiatorias singulares. Basta, para probarlo, con recordar —concluye— que "ni la jurisdicción constitucional forma parte del Poder Judicial ni cabe el recurso de amparo frente a leyes, ni puede reducirse el derecho fundamental a la tutela judicial efectiva a la posibilidad de pedir a un juez o Tribunal que plantee ante el Tribunal Constitucional una cuestión de inconstitucionalidad, en términos abstractos, basada solo en dudas que albergue el órgano proponente y sin que exista siquiera la posibilidad de que el autor de la petición (titular del derecho) comparezca ante nosotros en defensa de su tesis".

g) *Nota final sobre la invasión por la ley singular de los dominios de la jurisdicción.* Como ha podido comprobarse, algunos aspectos del tratamiento que la jurisprudencia del Tribunal Constitucional hace del problema de las leyes singulares recogen preocupaciones que hemos visto manejadas en la mejor doctrina publicista europea.

Por ejemplo, la afirmación de que la ley debe ser ordinariamente general pero que no es constitucionalmente inadmisible la ley singular si existen circunstancias especiales que la exigen.

Sin embargo, ya ha podido comprobarse que la jurisprudencia tiende a concentrar todas las garantías frente a las leyes singulares en la preservación de la igualdad (son inconstitucionales las leyes singulares que contengan regulaciones no razonables o desproporcionadas).

Pero está también apuntado en las sentencias que hemos comentado, aunque usado con menos energía para la resolución de estos conflictos, que las leyes singulares trastocan el orden normal de la relación entre los poderes y alteran el régimen de la división de los mismos, que es una pieza estructural clave en el Estado de Derecho.

Esta última apreciación está hecha, curiosamente, de forma expresa, en la Sentencia 166/86 (Rumasa II) para establecer que las leyes singulares invaden el campo de la función administrativa. Pero el Tribunal da a entender que como no existe en materia expropiatoria una reserva de Administración, tal interferencia es inobjetable. Sin perjuicio de lo cual añade que este tipo de interferencias deben ser excepcionales porque alteran el orden constitucional de los diferentes poderes del Estado.

Dicho lo cual, es curioso que no extienda la misma observación a la interferencia efectiva que la ley singular produce en el ámbito de la jurisdicción, donde, sin embargo, sí hay una reserva constitucional expresada de forma activa (independencia de los jueces: artículo 117.1; la exclusividad de la función: artículo 117.3; el derecho a la tutela judicial plena: artículo 24.1) y también por exclusión (a los demás poderes se les atribuyen funciones diferentes).

A pesar de que la cuestión no aparezca abiertamente en la argumentación de las sentencias comentadas (que son hijas aquí del olvido del constitucionalismo europeo, que ya hemos hecho notar, de que la independencia de los jueces y magistrados y el monopolio de estos sobre el ejercicio de la función jurisdiccional, pueden verse interferidos y usurpados por el legislador no solo mediante regulaciones, sino también a través de inmisiones directas en el ámbito propio de aquella función), a pesar de ello, decimos, está patente la distinción entre la función de la ley, que es la de fijar normas abstractas, y la de los jueces y magistrados, que es la de aplicarlas a casos concretos.

Cuando la ley ocupa todo el espacio que media entre la regla abstracta y la aplicación concreta, usurpa también el ejercicio de una función que le es ajena e impide que pueda desarrollarse ante los jueces un contencioso —con todas las garantías debidas en el Estado de Derecho— sobre los problemas aplicativos de la ley.

Pese a todo, nuestros magistrados constitucionales han convenido en la necesidad, impuesta por la Constitución, de que las leyes singulares siempre dejen espacio para el ejercicio ulterior de la función jurisdiccional. Donde ha quedado abierta la discrepancia es en la cuestión de decidir si es suficiente con que el Tribunal Constitucional pueda pronunciarse sobre el contenido de la ley singular. O si, por el contrario, es preciso que la ley deje espacio para actos aplicativos concretos que puedan ser sometidos a control de los jueces ordinarios.

Pero siempre, cualquiera que sea la tesis que se acepte, debe quedar un margen para el ejercicio de la función jurisdiccional. Este es el signo de la existencia de una reserva constitucional en favor de la jurisdicción. Este es un mensaje que queda implícito en la construcción de las sentencias comentadas.

C) *Las interferencias del legislador en la función
de los jueces y magistrados mediante
normas interpretativas*

Miraremos ahora las irradiaciones de la independencia de los jueces y magistrados y su dominio de la función jurisdiccional desde otra perspectiva: la de los ensayos, que no son infrecuentes, del legislador de coparticipar en el ejercicio de aquella función o predeterminar o condicionar sus resultados dictando leyes interpretativas.

a) *Referencia al problema de la interpretación de las leyes en los albores del constitucionalismo.* Así como la separación de poderes implicó la aprobación inmediata de una determinación constitucional, que ya ha sido recordada, que prohibía al legislativo ejercer la función de juzgar, llevó también consigo que se ordenara inmediatamente a los jueces que se abstuvieran de interpretar las leyes.

La razón es que interpretar la ley no formaba parte de la función jurisdiccional sino de la función legislativa. Mediante la interpretación siempre se aclara o precisa el sentido de la ley y, en esta medida, también se crea Derecho. Y, en el tiempo de la Revolución francesa y en las Constituciones de los primeros años del siglo XIX, es esta una tarea que se reserva exclusivamente al legislador.

El juez es, como se recuerda en el formulismo de MONTESQUIEU, un simple instrumento aplicativo, no creativo, prácticamente automático, que lleva la predeterminación legal a casos concretos. En modo alguno un poder creador de Derecho. La prevención revolucionaria hacia el poder creativo de la jurisprudencia es bien visible en ROBESPIERRE: "la palabra jurisprudencia debe ser borrada de nuestra lengua. En un Estado que tiene Constitución y legislación, la jurisprudencia de los tribunales no es otra que la ley".

Se entiende, por ello, que la Ley de 27 de noviembre-1º de diciembre de 1790 reconociera al legislador el derecho de aplicar las leyes. El artículo 21, párrafo 2, de esta ley, que se convirtió enseguida en el artículo 21 del Capítulo V de la Constitución, decía que "cuando la sentencia haya juzgado en última instancia de la misma manera que los dos primeros, la cuestión no podrá ser planteada al Tribunal de Casación si no *ha sido sometida al cuerpo legislativo, que, en este caso, dictará un decreto aclaratorio de la ley*; y cuando el decreto haya sido sancionado por el Rey, *el Tribunal de Casación se conformará a él en su sentencia*".

Esta técnica de la consulta interpretativa, llamada *référé législatif*, es, como resulta innecesario notar, una fórmula que permite al legislador entrometerse en la función jurisdiccional y, constituye, desde luego, una excepción al principio de separación de poderes, al menos tal como lo concebimos hoy. En este sentido han podido decir A. BESSON y P. ROUBIER que la separación de poderes no se hizo efectiva hasta que no se suprimió el *référé* mediante ley de 1 de abril de 1837.

Normalmente esta singularidad se ha explicado indicando que la función jurisdiccional se define como una tarea de aplicación de las leyes, no de creación de Derecho. Es una prevención contra esa tarea creativa de la jurisprudencia lo que está en el fondo de la prohibición. En apoyo de esta tesis pueden traerse múltiples testimonios de la época. Ya hemos recordado el de ROBESPIERRE. BERGASSE decía también el 17 de agosto de 1790: "se percibe sin esfuerzo que si la ley puede ser interpretada, aumentada o, lo que es lo mismo, aplicada a la medida de la voluntad particular, el hombre no estará bajo la salvaguarda de la ley, sino bajo el poder de quien la interpreta o aumenta".

El *référé legislatif* obligatorio es una simple consecuencia de la expresada prevención. Debe retirarse la facultad de interpretación de las leyes a los jueces porque esta tarea permite crear Derecho. Debe, en consecuencia, confiarse tan solo al órgano encargado de la creación de las normas, al legislador. Con arreglo a esta misma lógica LE CHAPELIER había propuesto que la casación de las sentencias se hiciera por decreto, ya que la casación es una operación de interpretación final de la ley. Pero la Asamblea renunció a hacerlo por los muchos inconvenientes prácticos que planteaba la solución.

M. TROPER ha puesto en cuestión que el sistema judicial de 1790 estuviera basado en una prohibición absoluta de que los jueces interpretaran las leyes. Por el contrario, puede sostenerse que los jueces interpretaban normalmente. Lo que prohibía la ley es que los jueces hicieran interpretaciones "reglamentarias", es decir, que determinaran el sentido que hay que dar a las leyes fuera de los casos concretos que están examinando. En todo caso, consta que el sistema de *référé* permitía al órgano legislativo inmiscuirse en la función jurisdiccional y hacía de él incluso el superior de los tribunales. Estos podían, en efecto, solicitar de aquel directivas generales (*référé facultatif*) y el órgano legislativo podía sustituirlos si ellos revelaban por sus desacuerdos su impotencia para aplicar la ley (*référé obligatoire*).

b) *La independencia de los jueces y la polémica sobre los límites de las leyes interpretativas*. La supresión del *référé legislatif* en 1837 sitúa ya la separación de poderes en los términos que ahora la conocemos prácticamente. Se reconoce la labor creativa de la interpretación pero no se niega a los jueces en lo sucesivo que puedan intentarla. El Tribunal de Casación se ocupará en última instancia de uniformar esas interpretaciones.

La historia de la incorporación de los jueces en plenitud a la aplicación creativa del derecho y los límites de esta tarea es realmente apasionante, pero no es lo que ahora nos interesa. El legislador no queda, sin embargo, apartado de la tarea de interpretar.

Por el contrario, lo que será preciso contrarrestar en los años sucesivos son las intromisiones del legislador en la función jurisdiccional a través de leyes interpretativas, que unas veces son realmente tales y otras encubren mandatos que se dirigen a condicionar la independencia del juez.

En la propia patria del *référé*, el cambio de preocupaciones se hace muy notable en la doctrina de primeros de este siglo, que ya está al tanto de los abusos que se cometen con el empleo de las leyes interpretativas.

Un autor de la importancia de DUGUIT, expone que hay leyes interpretativas que tienen por objeto privar a los Tribunales del conocimiento de pretensiones que se les habían sometido válidamente en aplicación de las leyes en vigor, lo cual resulta inadmisible, porque estas situaciones están ya particularizadas (no son generales, reglamentarias, en el sentido *duguitiano* del término) y generan derechos adquiridos. Y también, en ocasiones, de lo que se trata es de desconocer la fuerza de la cosa juzgada estableciendo interpretaciones distintas de las sentadas por el juzgador.

En la práctica constitucional francesa se ha mantenido tanto la técnica de las leyes interpretativas como la polémica sobre su admisibilidad, ya que son normas que inciden, o pueden hacerlo, en el ejercicio de la función propia de los jueces y tribunales.

En tiempos recientes el ejemplo más célebre dado en Francia de la ley interpretativa es la de 11 de diciembre de 1956 (anteriormente, desde luego, el famoso caso *Dreyfus* debe incluirse entre las interpretaciones legislativas que deshacen los pronunciamientos jurisdiccionales), mediante la cual el legislador puso en cuestión la doctrina mantenida por el Consejo de Estado en su *arrêt* de 16 de diciembre de 1955 (*Epoux Deltel*). En este *arrêt* el Consejo de Estado había considerado que tenían naturaleza administrativa unas

Comisiones que habían sido creadas para repartir las indemnizaciones acordadas por Polonia, Checoslovaquia, Hungría y Yugoslavia a las víctimas francesas de las nacionalizaciones efectuadas en estos países. La citada ley de 1957 dijo, sin embargo, que eran jurisdiccionales. Y el Consejo de Estado, planteado un nuevo recurso sobre la misma cuestión, tuvo que reconocerlo así y sacar las consecuencias debidas (*arrèt* de 9 de octubre de 1957, *Vve. Deltel*).

La polémica, avivada otra vez en torno a este caso, radica en determinar si las leyes interpretativas son o no un atentado a la independencia del juez. De un lado, se suele afirmar que la "ley no constituye un derecho nuevo y no hace sino confirmar lo que ya existe". La ley interpretativa no añade nada a la ley interpretada (M. WERNER). De otro, se dice que dichas leyes son siempre un atentado a la independencia porque no pretenden interpretar la ley sino "*orientar la justicia en el sentido querido por el legislador*" (LESAGE).

El problema está planteado en todos los países europeos en términos parecidos.

Desde la perspectiva que aquí importa más, en Italia, por ejemplo, se ha suscitado abiertamente el problema de la legitimidad constitucional de las leyes interpretativas, cuestión que se aceptó primero en la sentencia de la *Corte Costituzionale* de 8 de julio de 1957. El problema directamente suscitado en esta sentencia es no solo si caben este tipo de leyes, sino, también, si vulneran el derecho a la tutela judicial por inmiscuirse en un terreno en el que solo pueden moverse los órganos jurisdiccionales.

La sentencia resuelve el problema en los términos siguientes: "No es exacto que la vigente Constitución excluya la posibilidad de leyes meramente interpretativas y, en cuanto tales, retroactivas. Falta en la Constitución cualquier limitación de orden general al respecto. Se trata, por lo demás, de una institución comúnmente admitida u otros ordenamientos estatales que poseen los caracteres de Estado de Derecho y Estado democrático". "No está fundada, por ello, la censura de que el carácter interpretativo de la ley en examen vulnere los preceptos de los artículos 101, 102 y 104 de la Constitución. Y tampoco vulnera la garantía establecida en el primer y segundo inciso del artículo 24 y en el primer apartado del artículo 25, referidos respectivamente a la facultad de actuar en juicio para tutelar las propias posiciones consideradas y protegidas en el ordenamiento, al derecho inviolable de defenderse ante jueces y tambіén el derecho a no ser separado del juez natural".

Puede aceptarse, pues, conforme ha establecido esta sentencia de la *Corte Costituzionale* italiana, que las leyes interpretativas *no tienen por qué* minorar necesariamente el derecho a la tutela judicial efectiva, y también que pueden usarse de manera que no supongan una invasión por el legislador del ámbito propio de la función jurisdiccional.

Pero, a nuestros efectos, importan menos estas posibilidades de utilización inocua de las leyes interpretativas que la posibilidad contraria, que también existe, de que las leyes interpretativas se conviertan en excursiones del legislador fuera de sus dominios.

c) *La jurisprudencia constitucional española que reprueba las leyes meramente interpretativas.* La jurisprudencia española presenta algunas contradicciones cuando se ha pronunciado sobre la validez y regularidad de las normas interpretativas.

Cuando, más comúnmente, el Tribunal Supremo ha tenido que conocer de estos asuntos es con ocasión de normas interpretativas aclaratorias a las que se ha pretendido dar un efecto retroactivo. La tesis mantenida sobre esta posibilidad es que la interpretación no tiene ningún contenido innovativo, de manera que no presenta problemas reconocer que produce efectos desde que se dictó la norma aclarada o interpretada (Sentencias de 7 de junio de 1966 y 24 de septiembre de 1969).

El Tribunal Constitucional empezó enfrentándose a estos problemas aceptando con normalidad esta tesis, bastante extendida en la doctrina española, de que la ley interpretativa carece de un contenido nuevo y, salvo abusos (que son, además, abundantes en nuestra práctica pero que no tienen porqué hacer variar la interpretación correcta del fenómeno), se comporta ofreciendo a los jueces pautas aplicativas que no es necesario seguir si la interpretación de la norma que aquellos creen más correcta es diferente.

Esta aceptación de la práctica de las normas interpretativas puede hallarse, por ejemplo, en la *Sentencia del Tribunal Consti-*

tucional de 28 de junio de 1983, que se enfrentó con una circular, denominada por el mismo tribunal "interpretativa", y no puso ningún obstáculo a su contenido por razones de orden constitucional.

Los supuestos en que el Tribunal Constitucional maneja con más frecuencia normas interpretativas, son, no obstante, aquellos en que debe analizar problemas de deslinde entre las atribuciones del Estado y las de las comunidades autónomas. Es conocido que el contenido y límite de estas competencias se definen en nuestro sistema ordinariamente en la Constitución y en los Estatutos de Autonomía. Pero la puesta en funcionamiento del aparato burocrático de las comunidades autónomas ha requerido un despiece previo de la Administración del Estado seguido de una transferencia de los servicios, de la parte de la organización estatal que ejercía las competencias reconocidas ahora a los nuevos entes territoriales. Estas operaciones de desmontaje y traslado se hacen efectivas, en aplicación de los Estatutos de Autonomía, por Reales Decretos que son llamados de "transferencias de servicios" pero que, normalmente, contienen previsiones que sirven para deslindar las competencias estatales de las autonomías en la materia en que el Real Decreto alude. Realmente estas normas, al tratar de contribuir a la definición última de las competencias estatales y autonómicas, invaden un terreno reservado, desde luego, a la Constitución y los Estatutos. En atención a esta circunstancia, el Tribunal Constitucional ha salvado siempre las alusiones que hacen los Reales Decretos citados al problema de las competencias indicando que tienen naturaleza de normas interpretativas. Sientan, en este sentido, pautas, que el juez constitucional puede seguir o no, ya que los criterios interpretativos establecidos por el legislador sobre principios constitucionales no le vinculan (la jurisprudencia en este sentido es abundantísima: Sentencias del Tribunal Constitucional de 7 de abril, 5 de agosto, 27 de octubre y 6 de diciembre de 1983, y a partir de ellas otras muchas de forma unánime).

La posición del Tribunal Constitucional es, sin embargo, distinta cuando las normas que interpretan la Constitución no tienen más fundamento, fin y contenido que la interpretación misma. Es decir, no contienen, como los Reales Decretos aludidos, regulaciones de otros asuntos (las transferencias de servicios) y con ocasión de ellas incorporan algunas determinaciones interpretativas, sino que su contenido empieza y acaba en la mera interpretación.

El Tribunal Constitucional se ha enfrentado con un supuesto de este tipo en su famosa *Sentencia de 5 de agosto de 1983* (asunto LOAPA), que enjuició en un recurso previo de inconstitucionalidad (figura ya desaparecida de nuestro ordenamiento) la llamada Ley Orgánica de Armonización del Proceso Autonómico elaborada de común acuerdo entre el Gobierno y el principal partido de la oposición (entonces el PSOE) con la intención de organizar de la mejor manera posible el montaje del Estado de las autonomías.

Todos los artículos primeros del proyecto eran normas de contenido interpretativo, en las que los redactores del proyecto habían tratado de fijar el significado de algunos conceptos que en aquel tiempo eran enormemente debatidos (por ejemplo, el concepto de "bases" o "legislación-básica"), de manera que existía el razonable temor de que su empleo distorsionado pudiera producir alteraciones graves en el proceso de reorganización del Estado.

El intento interpretativo llevado a cabo por el proyecto, fue, sin embargo, terminantemente desautorizado por la citada Sentencia de 5 de agosto de 1983. El argumento central usado por el Tribunal para declarar que las leyes interpretativas son contrarias a la Constitución fue el siguiente:

> ... el legislador estatal no puede incidir directamente en la delimitación de competencias mediante la interpretación de los criterios que sirven de base a la misma. Es cierto que todo proceso de desarrollo normativo de la Constitución implica siempre una interpretación de los correspondientes preceptos constitucionales, realizada con quien dicta la norma de desarrollo. *Pero el legislador ordinario no puede dictar normas meramente interpretativas, cuyo exclusivo objeto sea precisar el único sentido, entre los varios posibles, que deba atribuirse a un determinado concepto o precepto de la Constitución, pues, al reducir las distintas posibilidades o alternativas del texto constitucional a una sola, completa de hecho la obra del poder constituyente y se sitúa funcionalmente en su mismo plano, cruzando al hacerlo la línea divisoria entre el poder constituyente y los poderes constituidos.* No puede olvidarse, por otra parte,

que, en la medida en que los términos objeto de interpretación son utilizados como criterios constitucionales de atribución de competencias, concretan la fijación del contenido y alcance de aquellas competencias que se definen por referencia a ellos.

Lo más discutible de esta sentencia es, desde luego, su apreciación de que el proyecto que enjuiciaba redujese, por vía de interpretación, a una sola las diferentes alternativas interpretativas que ofrece el texto de la Constitución. Hubiera, por el contrario, podido entender, como ya hemos visto que hace ordinariamente, que las leyes interpretativas sientan criterios o pautas que no vinculan al juez.

De cualquier manera, y al margen de los elementos criticables de dicha sentencia, si la traemos aquí es porque describe en forma insuperable el fenómeno que estamos persiguiendo e identificando en este estudio: las leyes interpretativas son ilegítimas cuando, traspasando la barrera de la función legislativa, entran en el campo de la jurisdicción. El Tribunal, con ocasión de la sentencia citada, no estuvo demasiado preciso a la hora de explicar las razones de esta interdicción. Pero sin duda que habría podido encontrarla en la división de poderes, regla estructural del Estado de Derecho, y en la exigencia subsiguiente de que la tarea de juzgar se ejerza con independencia y separación, en un campo acotado, reservado en fin.

D) *Las convalidaciones legilativas y el problema de la preservación de las decisiones de la Justicia*

a) *El estado de la cuestión de las convalidaciones legislativas.* Entre la doctrina francesa la cuestión de las convalidaciones (*validations* es la expresión ordinariamente usada, que remite a un universo de problemas más amplio que el que comprende la técnica estricta de la convalidación) ha cobrado especial fuerza en los últimos años. Seguramente ello se ha debido a la trascendencia de las declaraciones que ha hecho el Consejo Constitucional en su decisión de 22 de julio de 1980, centrada en el análisis de un problema de *validation*. Pero también, sin duda, a que esta y otras decisiones del Consejo Constitucional y algunas del Consejo de Estado han puesto de manifiesto que, en verdad, este de las validaciones es un fenómeno masivo.

Hasta no hace mucho la doctrina no había caído en la cuenta de la envergadura del fenómeno; y la jurisprudencia del *Conseil d'Etat*, aunque se tenía que enfrentar de vez en cuando con el asunto no había sistematizado un cuerpo de doctrina específico con el que abordarlo.

Aunque la técnica de la validación era conocida desde antiguo, AUBY fue de los primeros en notar su trascendencia y los excesos que cometían al usarla. Incluso ensayó una definición que puede servirnos de aproximación al problema; una validación es "la intervención de un acto legislativo adoptado con posterioridad a uno o muchos actos administrativos, que declarando válidos (o una fórmula análoga) estos actos o algunos de sus efectos, tiene por consecuencia impedir el control jurisdiccional (o administrativo) de la regularidad de esos actos o aun, si el control ha sido efectuado, de hacer desaparecer sus consecuencias".

No hace mucho que M. MATHIEU ha tenido la paciencia de clasificar las múltiples formas en que se produce el fenómeno de las convalidaciones, a efectos de hacer luego los distingos pertinentes para valorarlas técnicamente. Para nuestros efectos no tiene interés que profundicemos en la tipología de actos legislativos de *validation*, pero resultará ilustrativo tomar de MATHIEU una muestra:

Existen validaciones por habilitación y por sustitución. Las primeras consisten en una habilitación al Ejecutivo para que adopte medidas retroactivas que sustituyan un acto administrativo. Las segundas son leyes que sustituyen directamente un acto administrativo anulado o susceptible de serlo. Hay convalidaciones que operan por transformación de la naturaleza jurídica del acto (como las ratificaciones legislativas, o las validaciones que dan a un acto un carácter retroactivo del que inicialmente carecía). Teniendo en cuenta la forma en que la convalidación incida o transforme la legalidad de un acto, es posible hallar en la práctica convalidaciones que dan base legal a un acto susceptible de ser anulado, validaciones parciales, convalidaciones indirectas, convalidaciones en cascada (que alcanzan a los actos de aplicación de un acto convalidado). En consideración a los efectos que produce la convalidación sobre el régimen contencioso de los actos, las hay de carácter preventivo, que tratan de evitar la anulación de actos, y otras que se dirigen directamente a salvar *ex post* actos anulados.

Hay involucrados en las operaciones de convalidación, como bien se comprende, muchos problemas jurídicos importantes, además del que aquí nos ocupa, que es exclusivamente el del ejercicio por el legislador de funciones que correspondan al juez invadiendo el ámbito de la reserva de jurisdicción. Por ejemplo, el problema de la retroactividad de las normas, ya que las convalidaciones tienden, normalmente, a sanar actos o reglamentaciones que ya han comenzado a producir efectos. En nuestro Derecho, sin embargo, el problema de la retroactividad de las leyes está abordado en el artículo 9.3 de la Constitución, que declara la irretroactividad de las disposiciones sancionadoras no favorables o restrictivas de derechos individuales (previsión que plantea problemas interpretativos importantes que han sido abordados por el Tribunal Constitucional a partir de sus *Sentencias de 20 de julio de 1981 y 4 de febrero de 1983*, sobre todo en torno a la existencia o no de "derechos adquiridos" que puedan oponerse a la aplicación retroactiva de las normas y el alcance de la noción "derechos individuales" a efectos de medir la prohibición de retroactividad).

También está aquí involucrado el problema de las leyes *ex post facto*, prohibidas directamente por el artículo 25.1 de nuestra Constitución. En el Derecho anglosajón, más que en el nuestro, la interdicción de las leyes *ex post facto* se justifica en la necesidad de proteger el principio del *due process*. Las manifestaciones de esta prohibición son reiteradas en la jurisprudencia del Tribunal Supremo norteamericano (en concreto, desde la Sentencia *Calder v. Bull* de 1798). Este tipo de leyes, como ha recordado TRIBE había sido visto con especial prevención por los *Framers*, que tenían bien presente los abusos del Parlamento en la época colonial, motivados por razones muy poco confesables. Esa idea de la usurpación por el Parlamento de funciones jurisdiccionales por medio de la fórmula de las leyes *ex post facto* se mantiene hoy mucho menos viva que la connotación de la prohibición como una garantía específica de la regularidad del proceso penal.

En fin, aparecen también en estos supuestos los problemas del respeto de la cosa juzgada por el legislador. Pero también en este campo son menos visibles los problemas de ejercicio por el legislador de una función ajena. Más bien lo que aquí se suscita es si se puede o no innovar el ordenamiento apartándose de una sentencia o de líneas jurisprudenciales establecidas. Lo que es innegable, desde luego, aunque ello afecte a situaciones contenciosas aún abiertas

b) *Algunos ejemplos en nuestro Derecho.* Este último fenómeno es extremadamente corriente e irreprochable en nuestro Derecho, teniendo en cuenta que es al legislador a quien corresponde tanto procurar el progreso y la plena realización de los derechos fundamentales, como establecer los principios y regulaciones materiales a que tienen que atenerse los jueces cuando dictan sentencias.

En este sentido, no es infrecuente que el legislador se interfiera en una línea jurisprudencial más o menos establecida y fije para el futuro una regulación nueva que desautoriza esa jurisprudencia o la deje sin sentido.

Un ejemplo reciente muy expresivo de esa práctica lo ha constituido la Ley de Atribuciones de los Arquitectos e Ingenieros Técnicos de 1 de abril de 1986. Aunque el preámbulo de esta ley dice que ha tratado de recoger los principios establecidos en la jurisprudencia recaída sobre la delimitación de las atribuciones de los ingenieros técnicos, basta una simple indagación sobre el sentido de esa jurisprudencia para llegar a la conclusión contraria. Lo que trató de hacer dicha ley (empujada por la presión de los colectivos profesionales interesados) es terminar con una interpretación restrictiva que había mantenido el Tribunal Supremo sobre las competencias de dichos titulados, reduciendo su campo profesional de actuación más de lo que al legislador le pareció razonable (especialmente, sobre ello, las *Sentencias de 7 de octubre de 1983, 28 y 31 de enero y 11 de abril de 1985*, etc.).

Un caso más concreto y agudo ha sido el de las cuotas obligatorias que venían cobrando las Cámaras de Propiedad Urbana. Dichas cuotas tenían reconocida la condición de exacciones parafiscales. Cuestionada su legalidad, el Tribunal Supremo se había pronunciado a favor de la misma en alguna sentencia, de forma más o menos tímida (por ejemplo, la de 1 de diciembre de 1986), y de forma directa y rotunda en la *Sentencia de 29 de noviembre de 1987.*

El gobierno estaba, sin embargo, en posición radicalmente contraria. Había estimulado la desaparición de dichas cuotas y, desde luego, quería privarlas de su carácter obligatorio. De aquí que se introdujera en la Ley de Presupuestos de 23 de diciembre de 1987 (muy pocos días después de conocida la sentencia) un precepto directamente dirigido contra la situación consolidada por la jurisprudencia. El artículo 109.3 decía, en efecto, que "a partir del 1 de enero de 1988 se suprime la exacción "cuota de la Cámara de la Propiedad Urbana", tasa 25.04 regulada en el Decreto de Convalidación de 25 de febrero de 1960".

Todavía las Cámaras siguieron cobrando la cuota, aduciendo que ello era la consecuencia necesaria de la afiliación a las mismas que era obligatoria.

Pero el año siguiente, la Ley 37/1988, de 28 de diciembre, que aprobó los Presupuestos Generales del Estado para 1989, dio a la cuota el golpe de gracia definitivo (disposición adicional 14: "se suprime la incorporación obligatoria a las Cámaras Oficiales de la Propiedad Urbana...").

Otras formas de convalidaciones que interfieren más directamente en el curso de los procesos consisten en la solución expresa por el legislador de un problema que está siendo objeto de debate contencioso.

Entre nosotros ha habido un pintoresco asunto reciente en el que se ha producido esta situación. Fue el caso de la "lotería del oro". El problema afectó a un ciudadano al que le había tocado el primer premio en una lotería de la Cruz Roja. El premio consistía en un buen montón de lingotes de oro. Posiblemente confundido por los propios organizadores y también por la oscuridad de la regulación existente sobre la tributación de dichos premios, el interesado no declaró el equivalente monetario del premio (unos ochenta millones de pesetas) como renta a efectos del impuesto correspondiente. Más tarde, sin embargo, una inspección determinó que tenía que pagar el impuesto con los correspondientes recargos y sanciones. El problema jurídico consistía en que el recaudador interpretaba que los únicos premios exentos del impuesto de la renta, de acuerdo con lo establecido en el artículo 3º de la Ley 44/1978, reguladora del Impuesto sobre la Renta, eran los de la Lotería Nacional. Y el "sorteo del oro" de la Cruz Roja no tenía carácter de Lotería Nacional.

Como el premiado creía tener poderosos argumentos para defender otra cosa, planteó un recurso contencioso-administrativo que, en primera instancia, fue resuelto desfavorablemente por la Audiencia Territorial de Valencia en su Sentencia de 26 de enero de 1988. La sentencia se recurrió ante el Tribunal Supremo y, antes y después de tal recurso, la cuestión había sido objeto de escándalo periodístico y anunciaba con convertirse en un problema para la buena marcha del "sorteo del oro" de dicho año (del que la Cruz Roja esperaba obtener una financiación importante).

De manera que mientras se tramitaba el asunto ante el Tribunal Supremo la disposición adicional segunda de la Ley 12/1988, de 25 de mayo (ley que, por cierto, no tenía nada que ver ni con los sorteos ni con los impuestos), estableció que "no tendrán la consideración de renta, a efectos del Impuesto sobre la Renta de las Personas Físicas, los premios de los sorteos organizados por la Cruz Roja española. Lo dispuesto en el párrafo anterior será de aplicación a los períodos impositivos no prescritos o pendientes de resolución firme a la entrada en vigor de la presente ley".

La última frase era una alusión clara al "pleito del oro", que era, además, el único conocido y pendiente. El legislador se interfería de esta manera en el debate contencioso. Al Tribunal Supremo, que falló finalmente el caso en su *Sentencia de 14 de junio de 1988*, no le quedó otra salida que aplicar los criterios establecidos por el legislador, que eran más favorables al recurrente.

Hay otras formas de interferencia del legislativo más abiertas y declaradas. Por ejemplo, la Sala 3ª de lo Contencioso-Administrativo de la Audiencia Territorial de Barcelona, dictó, con fecha 31 de mayo de 1988, sentencia por la que declaraba la nulidad del Decreto 380/1984, de 13 de diciembre, de la Generalidad de Cataluña. La sentencia fue inmediatamente apelada ante el Tribunal Supremo. El fundamento de la sentencia catalana de instancia fue que la regulación que había pretendido el decreto no podía contenerse en una norma de ese rango, sino en una ley.

La sentencia de la Audiencia Territorial de Barcelona contiene una doctrina discutible. Pero lo que interesa destacar es que, estándose tramitando la apelación ante el Tribunal Supremo, se aprobó la Ley de Presupuestos de Cataluña de 31 de diciembre de 1988, a la que se incorporó una disposición adicional que decía: "se convalida el Decreto 388/1984, de 13 de diciembre, por el que se crea el cargo de Director Gerente de las Cámaras Oficiales de Comercio, Industria y Navegación". Era, naturalmente, el decreto controvertido.

Otro supuesto llamativo de interferencia del legislativo en el ejercicio independiente de la función judicial lo proporciona la Ley de la Comunidad de Madrid 1/1987, de 5 de marzo.

Esta ley ha sido dada en el contexto siguiente: una empresa privada tenía el propósito de instalar un cementerio de grandes dimensiones en una localidad próxima a Madrid. Los cementerios de gestión privada, aunque inusuales, son posibles de acuerdo con la legislación española. Conocido el proyecto por la Comunidad Autónoma de Madrid, le resultó interesante y decidió ejecutarlo ella misma, para lo cual decidió expropiar los terrenos en que la empresa iba a realizar su proyecto a efectos de situar en él un cementerio de análogas características.

La compañía interesada se opuso a la expropiación usando la vía interdictal y, al tiempo, la contencioso-administrativa. El juez de primera instancia dio lugar a los solicitado en el interdicto por estimar que ni el procedimiento seguido era el idóneo, ni la Comunidad Autónoma era competente para decidir la instalación de un cementerio supramunicipal, ya que esta materia pertenece a los ayuntamientos.

La decisión del juez fue apelada, pero, estando la apelación del contencioso-administrativo en plena tramitación, la Asamblea de la Comunidad de Madrid aprobó la citada Ley de 5 de marzo de 1987 sobre cementerios supramunicipales (a pesar de que, casi simultáneamente, la Sentencia de 21 de enero de 1988 de la Audiencia Provincial de Madrid, confirmando lo actuado por el juez que conoció del interdicto dijo que la Comunidad Autónoma carecía de atribuciones en la materia), con la que, entre otras cosas, trataba de impedir que los jueces ordinarios pudieran discutir su competencia que quedaba autoafirmada mediante una ley insusceptible de enjuiciar por los jueces que estaban conociendo del asunto.

Aunque el acceso a la Justicia quedara abierto por otros vericuetos, el intento de atraer hacia una Asamblea Legislativa la responsabilidad de asumir una decisión de contenido jurisdiccional era evidente.

La multiplicación de los órganos legislativos en España, como consecuencia de la implantación de las autonomías territoriales, ha incrementado la frecuencia con la que acontecen supuestos como el descrito.

Realmente no sería difícil apurar otros varios ejemplos hasta rellenar con ellos toda la tipología de convalidaciones de la clasificación de MATHIEU que más atrás se ha recogido. Pero, constatado el fenómeno, tiene menos interés para nosotros apurar el análisis de todas sus manifestaciones posibles, lo que, además, dada la riqueza de variedades existente, seguro que no lograríamos.

Interesa más que valoremos el fenómeno desde una perspectiva constitucional.

c) *La doctrina sobre las validaciones del Consejo Constitucional francés.* En nuestra jurisprudencia no se ha planteado nunca, salvo error por nuestra parte, de forma abierta y amplia, el problema de la licitud constitucional de las validaciones o convalidaciones legislativas.

En Francia, sin embargo, el Consejo Constitucional ha acometido el análisis del asunto en todas sus dimensiones en su decisión de 22 de julio de 1980.

El problema era el siguiente: el Ministerio de Universidades fue obligado a constituir en 1977 un comité técnico paritario al que debían someterse para informe todos los textos relativos a la situación del personal universitario. Se adoptó esta solución en un decreto y el Comité, efectivamente constituido, dio su informe sobre muchos textos que introducían reformas en el régimen del profesorado universitario. Pero tres sindicatos impugnaron el decreto y el Consejo de Estado lo anuló el 18 de abril de 1980. Inmediatamente quedaron amenazados de anulación todos los decretos de reforma que se habían aprobado con informe del Comité y también todas las decisiones individuales o colectivas que se habían adoptado en base a estos textos entre 1977 y 1979. De manera que, para evitar esa situación gravísima, se tramitó rápidamente en las Cámaras una ley de validación cuyo artículo único decía: "Quedan validados los decretos adoptados previa consulta del Comité Técnico paritario... instituido por el Decreto 77-679, de 29 de junio de 1977, así como los actos reglamentarios o no reglamentarios adoptados sobre la base de esos decretos".

La ley fue llevada al Consejo Constitucional por los senadores socialistas y comunistas. Y el Consejo, en su citada decisión de 22 de julio de 1980, estableció, entre otras consideraciones, las siguientes:

1º) El fundamento de la validación era asegurar el funcionamiento continuo del servicio público y el correcto desarrollo de las carreras del personal. El Consejo, atendido este fin jurídicamente respetable, recuerda que, salvo en materia penal, no existen problemas para que el legislador pueda validar retroactivamente decretos a los que, precisamente, se había imputado que carecían de base legal.

2º) En cuanto a la objeción de que la ley de validación suponga una intervención del legislador en el dominio de la Justicia, que es contraria al principio de separación de poderes, el Consejo recuerda que la jurisdicción administrativa es una verdadera jurisdicción y que, en consecuencia, "no corresponde ni al legislador ni al Gobierno censurar las decisiones de las jurisdicciones, dirigir a estas *injunctions* y de sustituirlas en el enjuiciamiento de los litigios que corresponden a su competencia". Pero nada de ello se opone a que el legislador pueda, mediante disposiciones retroactivas (y salvo en materia penal), modificar "las reglas que el juez tiene la misión de aplicar".

Esta decisión ha sido objeto de múltiples cometarios doctrinales porque, en verdad, aparecen en ella involucrados, temas cruciales.

Lo primero que se ha destacado es que declara la plena vigencia del principio de separación de poderes en términos no menos rotundos que lo hizo el viejo artículo 16 de la Declaración de Derechos del Hombre de 1789 (toda sociedad en la que no esté establecida la separación de poderes *"no tiene Constitución"*). Sobre todo se subraya ahora para destacar la independencia de la jurisdicción que está garantizada en el artículo 64 de la Constitución y que el Consejo Constitucional (en una decisión que habrá de comentarse más adelante en este estudio) aplica también a la jurisdicción contencioso-administrativa, cuyo carácter de verdadera jurisdicción en Francia, como se sabe, era discutible.

En cuanto a la legitimidad constitucional de las validaciones legislativas. FAVOREU ha destacado dos notas de la decisión que comentamos:

1º) Que es inconstitucional por ser contraria al principio de separación de poderes y de independencia de la jurisdicción, "la validación franca y brutal o *validación a posteriori"*; es decir, la que consiste en volver a poner en vigor un acto anulado por el juez administrativo. Esta regla pude deducirse de la afirmación del Consejo Constitucional de que "no pertenece al legislador ni al Gobierno censurar las decisiones de las jurisdicciones".

2º) Que la segunda forma de validación, la *preventiva*, la que trata de sanar un acto que no ha sido aún anulado por el juez pero que puede serlo, puede ser regular si respeta las condiciones que ha puesto el Consejo Constitucional: a) que el acto debe estar en vigor en el momento de la validación; b) que no debe tratarse de una materia penal si la validación ha de tener efecto retroactivo; c) que la validación debe perseguir el correcto funcionamiento de los servicios públicos; d) que el acto a convalidar deber ser de carácter reglamentario.

Algunos elementos de esta interpretación se mantienen aún controvertidos (OULD, MATHIEU) pero expresan bien las dimensiones del problema y la dirección que deben seguir las soluciones.

d) *La significación última de las limitaciones a las decisiones del legislador que han sido expuestas.* El mundo de las validaciones es, como seguramente se adivina por los apuntes anteriores, complejísimo y variopinto. Seguramente, para desoír las resoluciones judiciales, reponer las cosas en el estado anterior a la sentencia, cambiar líneas jurisprudenciales, salvar el contenido de decretos, etc., el legislador, junto a las validaciones francas, abiertas y directas, puede usar también otras fórmulas indirectas que camuflen mejor los ejercicios que son expresión de su dominio sobre el Derecho material que han de aplicar los jueces.

Pero el ejemplo de las validaciones legislativas rinde también otros frutos más netos a los efectos de esta investigación. De nuevo otra serie de movimientos o formas de actuar del legislador ponen en juego la separación de poderes y, según como se empleen, también la independencia del juez. Pude haber fórmulas convalidatorias irreprochables pero hay otras que, inequívocamente, se quedan fuera de lo constitucionalmente admisible porque penetran en ámbitos en los que la Constitución ha trazado una línea de separación para preservar un núcleo indisponible para el legislador.

En este núcleo el campo propio de la función jurisdiccional. Y la técnica con la que se acota es la propia de las reservas constitucionales.

CAPÍTULO III

LA RESERVA DE JURISDICCIÓN Y EL PROBLEMA DEL CONTROL JURISDICCIONAL DE LA ADMINISTRACIÓN

1. PLANTEAMIENTO: EL EJERCICIO COPARTICIPADO DE ALGUNOS ASPECTOS DE LA FUNCIÓN JURISDICCIONAL POR LA ADMINISTRACIÓN Y SUS JUECES. LA REVISIÓN DE ESTA SITUACIÓN DE ACUERDO CON LOS PRINCIPIOS DE LA CONSTITUCIÓN

La tesis es ahora la siguiente:

La separación de poderes llevada a término en ejecución de los principios triunfantes en la Revolución francesa exigió que el ejercicio de la función jurisdiccional se encomendara a jueces independientes y, como hemos recordado ya, que se declarara que "el poder judicial no puede, en ningún caso, ser ejercido por el Cuerpo legislativo ni por el Rey".

Esta regla general de la independencia y la separación de los jueces no se aplicó, sin embargo, al control de la actividad de la Administración. Tal función ni fue considerada propiamente jurisdiccional ni fue ejercida por jueces independientes, sino por órganos administrativos sometidos a vinculaciones gubernativas de diferente alcance, según las épocas, pero efectivas.

Esta concepción lleva consigo, además de la consecuencia dicha, que la Administración quede revestida de privilegios o posiciones de poder exorbitantes. Por sus características, en cuanto le permiten declarar lo que es de Derecho y ejecutarlo, los privilegios son también de naturaleza jurisdiccional.

Puede decirse que, en razón a la circunstancia expresada, la Administración, por sí misma o a través de órganos especializados, comparte con los jueces ordinarios el ejercicio de funciones cuya naturaleza jurisdiccional es inequívoca. Sería imposible identificar las peculiaridades de la Administración contemporánea francesa sin tener en cuenta la aludida circunstancia.

En España se imita inicialmente el modelo contencioso administrativo francés. Más tarde se produce una judicialización plena del control de la Administración (en el sentido de que es ejercido por verdaderos tribunales) que, supuestamente, es total a partir de 1904. Sin embargo, las características que definen a la jurisdicción contencioso-administrativa en España no se entienden si no se tiene en cuenta su origen: la decisiva influencia del modelo francés ha llenado de limitaciones la actividad de control que ejercen los tribunales. Normalmente esas limitaciones se corresponden con posiciones de privilegio que la Administración detenta. Y tales privilegios, a su vez, expresan el mantenimiento en manos de la Administración de prerrogativas de contenido materialmente jurisdiccional.

La Administración contemporánea se ha acostumbrado a actuar de esa manera y probablemente sería descabellado pretender una reforma que la desalojara de las posiciones jurídicas que ha consolidado a lo largo de la historia.

Sin embargo, también pueden identificarse muchos excesos en el uso de tales prerrogativas. Y lo que, desde luego, es obligado plantearse es si la independencia de los jueces, la exclusividad del dominio de la función de juzgar y hacer ejecutar lo juzgado y la reserva de jurisdicción que de todo ello resulta son incompatibles, en todo o en parte, con el mantenimiento de prácticas que suponen una participación de la Administración en el ejercicio de funciones que, materialmente, son de naturaleza jurisdiccional.

El desarrollo de esta tesis, es como sigue.

2. LA INEXISTENCIA ORIGINAL DE INDEPENDENCIA: LA ATRIBUCIÓN AL EJECUTIVO DE FUNCIONES JURISDICCIONALES Y SUS CONSECUENCIAS EN LA CONFIGURACIÓN DE LA JURISDICCIÓN CONTENCIOSO ADMINISTRATIVA. EL MODELO FRANCÉS

A) *La herencia del Antiguo Régimen*

Como resumió TOCQUEVILLE, hasta el fin del *Ancien Régime*, el Rey se introducía "sin cesar, en la esfera de la justicia". Era el juez supremo, de manera que las funciones jurisdiccionales que ejercían el Parlamento y la *Curia Regis* no constituían sino una delegación susceptible de revisión continua. El Rey podía adoptar decisiones judiciales y sustituir las que dictasen los jueces por las suyas propias. La fórmula de avocar procesos, retirándolos del conocimiento de la jurisdicción ordinaria, se empleaba continuamente.

Por su parte, los Parlamentos se interferían también continuamente en el funcionamiento de la Administración. El poder de hacer reglamentos, de registrar ordenanzas, de dirigir observaciones, que se reconocieron a los Parlamentos en razón a la necesidad de luchar contra la justicia señorial, se emplearon después contra la justicia real.

Aunque existe una diferenciación durante el Antiguo Régimen entre la función administrativa y la judicial, no puede hablarse de separación de poderes. Incluso la separación entre el Consejo del Rey y el Parlamento no tiene otro sentido que el de dividir y organizar el trabajo. Los Parlamentos no dudan en interferirse en la función administrativa y el Consejo del Rey trata de asumir para sí tal función en exclusiva. Un régimen especial empiezan a recibir, no obstante, los contenciosos en que es parte la Administración. Se trata, fundamentalmente, de centralizar el conocimiento de esos contenciosos, velando por la protección de los intereses generales e impidiendo que puedan conocer de ellos juzgados y tribunales repartidos por toda Francia. Además, la idea de sustraer el conocimiento de estos asuntos a los tribunales ordinarios se explica, como notó J. Laferrière, por la independencia de estos tribunales sobre los que el Rey carecía de medios de presión efectivos.

De esta manera los jueces son paulatinamente relegados al campo específico de las contiendas civiles entre los ciudadanos, marginándolos del conocimiento de pleitos en que es parte la Administración. Desde el reinado de Luis XIII, el principio *"el contencioso sigue a la Administración"*, o la regla *"juzgar a la Administración es también administrar"*, están ya establecidos.

Estos últimos principios cobran toda su fuerza a partir del siglo XVII, en el que queda estructurada una especie de Justicia administrativa no disociada de la Administración activa. Del ejercicio de la función contenciosa se ocupan, en efecto, en el escalón local, los intendentes. Su competencia en este plano contencioso es muy amplia. Le corresponden, como resumió D'AUBE en 1738, "toda jurisdicción que no haya sido especialmente atribuida a cualquier otro tribunal, y el derecho de inspección y de persecución sobre todo lo que pasa en las oficinas de finanzas, en los presidios y en todas las jurisdicciones reales subalternas".

Los Parlamentos mostraron siempre su disconformidad, expresada con la mayor energía, con las funciones contenciosas encomendadas a los intendentes.

En el escalón central, el Consejo del Rey era competente para las cuestiones de legislación, el gobierno y finanzas, y conserva, además, funciones jurisdiccionales. Aunque se ensayaron diversas reformas durante todo el siglo XVIII, la posición y funciones de este Consejo se mantiene en los términos generales expresados.

B) *El problema del contencioso-administrativo durante la Asamblea Constituyente. La evolución ulterior del sistema*

Las facultades de avocación de litigios y de reforma de resoluciones judiciales, que eran las formas de interferencia más graves en la actividad de los tribunales durante el Antiguo Régimen, son suprimidas por los Decretos de 15 y 20 de octubre de 1789.

Pero esta reacción projudicial va acompañada de la preocupación de los revolucionarios por preservar la acción administrativa de las intervenciones del Poder Judicial.

THOURET resume la situación en la sesión de 24 de marzo de 1790: "uno de los abusos que han desestabilizado el Poder Judicial en Francia ha sido la confusión de las funciones que son propias con las funciones incompatibles e inconmutables de otros poderes públicos". A la vista de lo cual se propone dar una solución al problema del contencioso-administrativo, acomodada a los nuevos principios de separación.

Como ha estudiado J. CHEVALIER, las alternativas que manejaron los revolucionarios se desarrollaron de la siguiente forma:

Suprimir todas las jurisdicciones administrativas y encomendar el contencioso-administrativo a los órganos judiciales, a los tribunales ordinarios. La mayoría de la Asamblea se mostraba favorable a esta solución. Pronunciarse sobre el contencioso-administrativo es decidir sobre un litigio y, por tanto, ejercer la función jurisdiccional; por consiguiente, la interpretación lógica del principio de separación de poderes implica la unidad de la función jurisdiccional. El primer Comité de Constitución se suma a esta concepción. El *rapport Bergasse* de 17 de agosto de 1789 suprime todos los tribunales de excepción. En la misma línea se mueve el *rapport Thouret*, unos meses después. Pero este último informe preveía la creación de un Tribunal de Administración. Esta solución es muy criticada por la Asamblea, que cree ver en la fórmula un restablecimiento de los tribunales de excepción. SIÈYES propondría la unidad total de jurisdicción. CHABROUD insiste en la competencia general de la jurisdicción ordinaria. El Comité presenta un nuevo proyecto el 5 de julio de 1790 que retoma pura y simplemente la fórmula del Tribunal de Administración. PEZOUS formula una enérgica diatriba contra la fórmula. No obstante, tanto estos informes como su ejecución práctica presentaban enormes lagunas. De manera que el 6 de septiembre de 1790 se votó un proyecto que dividía el contencioso-administrativo entre los cuerpos administrativos y los tribunales de distrito; en el reparto se llevaba la mayor parte la Administración activa. Sin embargo, esta solución que, como ha dicho CHEVALIER, era *"contraria a los deseos de los cahiers de doléances, contraria a la concepción lógica de la separación de poderes, contraria a los debates anteriores, contraria a los proyectos publicados, fue adoptada sin discusión"*.

La influencia de autores tan importantes como ESMEIN o DUGUIT ha hecho que se desarrollen y mantengan algunas tesis discutibles que tratan de explicar la solución adoptada. Para CHEVALIER las explicaciones más razonables deben tener en cuenta lo siguiente:

1. El papel decisivo que jugó la desconfianza respecto de los tribunales ordinarios.

2. La preocupación de los revolucionarios por asegurar a la Administración libertad de acción y unas condiciones de vitalidad

e independencia que no había tenido durante el Antiguo Régimen. Era preciso impedir que la jurisdicción ordinaria, al juzgar contenciosos, pudiera hacer administración.

3. La tradición del Antiguo Régimen. Los revolucionarios tendrían en cuenta la centralización monárquica y el carácter diferente, jurídicamente exorbitante, de los litigios que traban a la Administración y a los ciudadanos, principios que se habían tenido en cuenta durante siglos y que era imposible que no tuvieran una influencia decisiva.

Lo que implantan, en definitiva, los revolucionarios es, pese a los deseos expresados de unidad de jurisdicción, una regla que procede del Antiguo Régimen: *"juger l'Administration c'est encore administrar"*.

El sistema se completaría por Napoleón, como es sabido, algunos años después, mediante la creación del Consejo de Estado, que institucionaliza el artículo 52 de la Constitución de 22 frimario del año VIII.

C) *La retención de competencias jurisdiccionales
en la Administración activa. La doctrina
del ministro juez y la formación del dogma
de la decisión administrativa previa*

No hay en la ley de 16-24 de agosto de 1790, ni en la de 6-7 y 11 de septiembre del mismo año, ni en las disposiciones que les suceden inmediatamente, base para explicar cómo la jurisdicción administrativa se termina por configurar como una jurisdicción de segunda instancia, que examina actos administrativos que han declarado derecho y han resuelto, en su caso, las correspondientes controversias.

La explicación de esta peculiaridad no es legal, sino puramente fáctica, y se encuentra en el desarrollo de la teoría del ministro-juez.

Esta doctrina fue desconocida en los tiempos del Primer Imperio, pero surgió en el momento en que la autoridad del Consejo de Estado frente a los ministros empezó a debilitarse. En aquel primer tiempo, el Consejo de Estado negaba a los ministros cualquier ejercicio de función jurisdiccional, relegándoles a funciones administrativas exclusivamente. Sin embargo, esta situación cambiaría. A partir del año xii empieza a reconocerse que los administradores que han recibido de la ley el derecho de pronunciar condenas o de adoptar medidas coactivas, son *"verdaderos jueces"*. Los *arrêts Chenantais* de 22 de mayo de 1813 y *Rey* de 26 de marzo de 1814, ya hablan de decisiones administrativas adoptadas "en primera instancia" y refieren las vías de oposición que pueden ser empleadas contra ellas. De esta forma *el Consejo de Estado va renunciando a su condición de juez contencioso de primera instancia*. Tendencia que se confirma con la pérdida de fuerza del Consejo durante la Restauración. La jurisprudencia califica al Ministro de juez de Derecho común y autores como MACAREL consideran que la regla ha prendido definitivamente en el sistema contencioso francés. El Consejo de Estado habla de *"sentencia"* y de *"cosa juzgada"* a propósito de las decisiones ministeriales.

Al lado del ministro, juez de derecho común, el prefecto, el subprefecto y el alcalde conocen también de contenciosos y deciden sobre los derechos de los administrados. Aunque estos lo hagan solo en supuestos especiales.

La teoría del Ministro-juez así establecida implica, ni más ni menos, que un órgano de la Administración activa pueda resolver controversias contenciosas y que lo haga, además, antes de que puedan conocer de ese asunto los órganos especializados en el contencioso-administrativo. No hay nada que pueda resultar más contrario al principio de separación de poderes.

La situación perdería, sin embargo, fuerza a partir de 1860 y las funciones típicamente jurisdiccionales del ministro desaparecerían finalmente cuando la ley de 1872 confiere al Consejo de Estado la jurisdicción contenciosa en toda su plenitud.

El cierre de este período está, sin embargo, en el famoso *arrêt Cadot* de 13 de diciembre de 1889. Se trataba, como suele ser común cuando se establece gran jurisprudencia, de un caso de poca importancia: la reclamación de un ingeniero del Ayuntamiento de Marsella por la supresión de su puesto. La clave del asunto es que, después de otros enfoques del problema, el interesado planteó el recurso ante el ministro y este se abstuvo de resolverlo. La decisión fue confirmada por el Consejo de Estado por entender que, en efecto, conocer de un contencioso no era competencia del ministro.

Desde entonces los recursos administrativos deben, por regla general, dirigirse contra una decisión administrativa previa. Pero la Administración activa perdió su función jurisdiccional.

D) *La débil independencia del Consejo de Estado*

El máximo órgano encargado de resolver contenciosos en los que es parte la Administración, el Consejo de Estado, está incardinado en la Administración y no tiene un *status* propio que le garantice una verdadera independencia.

Durante la época napoleónica, el Consejo está en una situación preeminente, el Emperador lo vincula a su tarea, le encarga supervisar a los ministros. Es realmente el Consejo el superior jerárquico de toda la Administración. Estaba, como dijo Aucoc, "asociado a la gloria del Emperador". Y dependió, por tanto, su fuerza, del mantenimiento de la situación política. Con la caída de Napoleón también el Consejo queda en desgracia. Su debilitamiento progresivo lo pone en situación de inferioridad no solo del Gobierno sino también de la Administración activa. Solo sus continuos ejercicios de prudencia permiten mantener su utilidad y su prestigio.

El Consejo, en fin, se acomoda como puede a los vaivenes de la política. D. Dupeyroux ha recordado algunas muestras de los primeros tiempos: los consejeros de Estado escogidos por Napoleón prestaron juramento el 4 nivoso del año VIII; en febrero de 1814 la mayor parte de ellos, antes incluso de que la abdicación de Bonaparte fuera oficial, se alía a los Borbones y presta juramento colectivo al Gobierno provisional el 11 de abril de 1814. La mitad serán, sin embargo, eliminados del nuevo Consejo de Estado establecido por una Ordenanza del 29 de junio de 1814 por Luis XVIII. La otra mitad había prestado ya juramento, pero cuando Napoleón regresa de la isla de Elba reorganiza el Consejo por decreto de 24 de marzo de 1815 y no descarta del mismo sino a algunas personalidades muy comprometidas con la primera Restauración; los demás le prestan de nuevo juramento de fidelidad el 14 de abril de 1814.

Bajo la segunda Restauración se plantea abiertamente que es irreconciliable que exista una jurisdicción sin independencia. Pero, según ha recogido RENOUX, había una explicación para la falta de inamovilidad de los miembros del Consejo: "los partidarios de esta concepción (de reconocer inamovilidad a los consejeros) pierden necesariamente de vista que el Consejo de Estado no es un poder político en el orden constitucional, que no es un tribunal, que no dicta sentencias, que no emite sino informes; que esta opiniones no se convierten en un cuerpo, no constituyen una decisión obligatoria para los interesados sino después de que un ministro ha propuesto al rey firmar una ordenanza que contrasigna para comprometer su propia responsabilidad. ¿Qué quedaría de la responsabilidad de los ministros si existiera un poder situado por debajo de ellos que pudiera reformar sus decisiones y no pudiera ser reformado él mismo?".

Son, desde luego, los efectos de la concepción de la justicia administrativa como "retenida". El Consejo de Estado ejerce una jurisdicción que no le pertenece propiamente. Prepara las decisiones y las somete a resolución definitiva.

Cuando se instaura la justicia administrativa delegada a partir de la ley de 24 de mayo de 1872 ("El Consejo de Estado estatuye soberanamente sobre los recursos en materia contencioso-administrativa"), la situación de dependencia se hace, desde luego, menos firme. Pero, pese a las manifestaciones un poco apresuradas que sitúan en aquel año el nacimiento definitivo de la jurisdicción administrativa independiente, sería bueno recordar, como hicieran G. BRAIBANT, N. QUESTIAUX y C. WIENER, que todo el aparato de control desarrollado a partir del Consejo de Estado no ha tenido durante todo este tiempo más base jurídica que la que han ofrecido unos textos legales, bastante sumarios por lo demás, que no resultaba al legislador nada difícil de remover. Aludían estos autores a que la posición del Consejo de Estado no estaba constitucionalizada y, por tanto, no tenía la rigidez frente a los cambios que podría haberle ofrecido el texto constitucional.

Esta debilidad constitucional se ha notado especialmente en épocas de crisis. Una ocasión no muy lejana fue la del *arrêt Canal* de 19 de octubre de 1962 que anuló la Ordenanza de 1 de junio de 1962 que creaba un tribunal militar para juzgar los crímenes y delitos relativos a los acontecimientos de Argelia.

El gobierno reaccionó violentamente contra la decisión del Consejo de Estado. Convalidó la Ordenanza por vía legislativa (el artículo 50 de la Ley de 15 de febrero de 1963 reconocía a la Ordenanza fuerza de ley desde su publicación) y nombró una Comisión encargada de proponer medidas de reforma de la jurisdicción contencioso-administrativa.

E) *El reajuste por el Consejo Constitucional en 1980 y 1987 de los fundamentos constitucionales de la jurisdicción administrativa. Sus consecuencias para la independencia y la crisis actual del sistema*

Hasta la decisión *Validations legislatives* adoptada por el *Conseil Constitutionel* el 22 de julio de 1980 no han sido establecidos definitivamente los fundamentos constitucionales de la jurisdicción contencioso-administrativa.

El párrafo central que nos importa de tan destacable decisión dice:

> Que resulta de las disposiciones del artículo 64 de la Constitución en lo que concierne a la autoridad judicial y de principios fundamentales reconocidos por leyes de la República en lo que concierne, desde la Ley de 24 de mayo de 1872, a la jurisdicción administrativa, que la independencia de la jurisdicción está garantizada así como el carácter específico de sus funciones sobre las cuales no se pueden entrometer ni el legislador ni el gobierno; de esta manera no corresponde ni al legislador ni al gobierno censurar las decisiones de las jurisdicciones, dirigirles mandatos y sustituirlas en el enjuiciamiento de los litigios que pertenecen a su competencia.

La jurisdicción administrativa no era una jurisdicción, como hemos venido constatando, y además no fue independiente durante muchos años. Cuando en nuestro tiempo, a base de prudencia y prestigio, consiguió una independencia real, estaba esta apoyada en un acuerdo político-legislativo global que se puso en peligro con algunas experiencias excepcionales como la suscitada por el *arrêt Canal*.

La jurisdicción contencioso-administrativa había sido olvidada por las Constituciones y es este olvido (OULD) el que ha venido a saldar la decisión del Consejo Constitucional de 1980.

La doctrina discute todavía si la decisión del Consejo Constitucional citada supone la consagración en Francia de dos órdenes jurisdiccionales independientes o, por el contrario, la jurisdicción ordinaria y la contenciosa forman parte de un tronco jurisdiccional único y común. Nos importa a nosotros menos esta disquisición que destacar las consecuencias de la decisión del Consejo Constitucional. Son, fundamentalmente, las tres siguientes:

1. La jurisdicción contencioso-administrativa es una verdadera jurisdicción y, en cuanto tal, sus características y su posición con respecto de los demás poderes son los que venían siendo considerados propios de la jurisdicción ordinaria.

2. En particular, su independencia, que es la consecuencia concreta del principio de separación de poderes, implica que ni el legislador ni el Gobierno puede interferirse en el ejercicio de sus competencias.

3. Esta posición está reconocida directamente en la Constitución para la jurisdicción ordinaria y por la Ley de 24 de mayo de 1872 (que estableció la jurisdicción delegada en manos del Consejo de Estado), que a estos efectos tiene valor constitucional, para la jurisdicción administrativa.

Otra importante decisión del Consejo Constitucional, la de *23 de enero de 1987*, ha concretado aún más la posición constitucional de la jurisdicción contencioso-administrativa.

En esta ocasión el Consejo ha declarado, por una parte, que el principio de separación de autoridades administrativas y judiciales proclamado por los textos del período revolucionario que ya hemos estudiado *carece de todo valor constitucional*. Las palabras importantes del Consejo merecen ser reproducidas en su tenor literal:

> Las disposiciones de los artículos 10 y 13 de la Ley de 16 y 24
> de agosto de 1790 y del decreto de 16 fructidor del año III que es-
> tablecieron en su generalidad el principio de separación de autori-
> dades administrativas y judiciales no tienen valor constitucional.

Esto implica que el principio de separación de autoridades administrativas y judiciales ha dejado de ser en Francia, según concreta esta decisión, una consecuencia necesaria del principio de separación de poderes proclamado por el artículo 16 de la Declaración de Derechos del Hombre y del Ciudadano de 1789 al que la jurisprudencia del propio Consejo había reconocido valor constitucional (en su decisión de 23 de mayo de 1979).

La declaración de la decisión que comentamos, si no hubiera establecido otra cosa, pudiera haber sido interpretada como una negación de la jurisdicción contencioso-administrativa en beneficio de competencia de los jueces ordinarios y la liquidación de la especialidad que aquella jurisdicción ha supuesto en las concepciones francesas contemporáneas sobre organización de los poderes.

> en la concepción francesa de la separación de poderes figura, entre
> los principios fundamentales reconocidos por las leyes de la Re-
> pública, uno según el cual, a excepción de las materias reservadas
> por naturaleza a la autoridad judicial, pertenece en último término
> a la competencia de la jurisdicción administrativa al anulación
> o la reforma de las decisiones adoptadas, en el ejercicio de las
> prerrogativas del poder público, por las autoridades que ejercen
> el poder ejecutivo, sus agentes y las colectividades territoriales de
> la República o los organismos públicos situados bajo su autoridad
> o su control.

Esta es la regla, pero, como se observa, se admite también el mantenimiento en manos de la jurisdicción ordinaria de algunos controles sobre la Administración (son clásicas las decisiones que inciden sobre la propiedad y sobre algunas libertades), y, también, que, en lo sucesivo, pueda remitirse por ley a los tribunales ordinarios el conocimiento de asuntos en los que de una u otra forma ha sido parte la Administración.

La importante renovación de las bases constitucionales del contencioso-administrativo que aportan las dos decisiones del Consejo

Constitucional comentadas ha venido a coincidir, casi simultáneamente, con un amplio debate sobre su crisis que sigue ahora justamente abierta.

Naturalmente que ningún autor responsable pretende poner en cuestión el modelo francés de justicia administrativa y sustituirlo por otro que, por ejemplo, como se discutió en el tiempo de la Revolución, someta plenamente la Administración a los tribunales ordinarios, sin ninguna especialidad en relación con los particulares. El contencioso francés padece, como casi todas las jurisdicciones administrativas del continente europeo, de una crisis estructural debida a la inadaptación de sus formulismos al enorme crecimiento de la Administración y, con ella, del número de recursos que se entablan contra sus decisiones. Ello ha provocado, entre otras consecuencias, enormes atrasos en el orden de resolución de los recursos, que convierten la justicia que se imparte en tardía y, por tanto, en ineficaz (M. LONG, ahora vicepresidente del *Conseil d'Etat*, está insistiendo continuamente en ello).

Pero la toma de conciencia por la doctrina del carácter "independiente" y de la naturaleza plenamente jurisdiccional de la jurisdicción contenciosa, la ha puesto de repente no solo ante las rémoras de su configuración clásica, sino también ante lo injustificable que resulta el mantenimiento de algunos obstáculos a la plena procedibilidad de la Administración y el ejercicio por ella de funciones que deben estar reservadas a los tribunales. Este planteamiento se ha aplicado ya, por ejemplo, al tratamiento de las sanciones administrativas para determinar si en su configuración tradicional suponen, en todos los casos, una ruptura del principio constitucional de separación de poderes, por incidir la Administración en la esfera de la libertad de los ciudadanos, imponiendo la coacción, intervenciones que deben estar reservadas al juez. El Consejo Constitucional ha valorado en su decisión de 17 de enero de 1989 la adecuación al principio constitucional de separación de poderes del régimen de las sanciones administrativas. Y ha declarado su admisibilidad siempre que se den determinadas circunstancias que permitan delimitar bien el ámbito personal y material en el que las sanciones se utilizan (en el caso de la decisión, para proteger la buena marcha de determinadas actividades autorizadas relativas a los medios audiovisuales).

El contencioso-administrativo actual —aunque constitucionalizado y plenamente integrado en el sistema jurisdiccional— acusa su origen. Las técnicas que han servido para controlar la Administración no son las que pudo montar una jurisdicción independiente, alejada de las interferencias del legislativo y del gobierno, sino las que, con prudencia y sabiduría, pudo desarrollar un órgano administrativo afectado de vinculaciones y de limitaciones, sobre el que pendía siempre el temor a una reacción violenta que lo debilitara o que lo hiciera desaparecer.

Nadie se ha empeñado en cambiar las bases del sistema, como digo, pero sí en depurarlo de sus connotaciones menos justificables. En particular, el contencioso-administrativo se configuró, desde su origen, como un proceso del acto. Los términos del debate procesal quedaban constreñidos al examen de la legalidad de ese acto. Se accedía al examen, además, después de que la Administración hubiera podido hacer declaraciones limitativas de los derechos individuales y, en su caso, las hubiera ejecutado. En torno a este puñado de ideas matices se han conformado técnicas que resultan innecesariamente limitativas si lo que se debe procurar, a través de una maquinaria jurisdiccional eficiente, es someter plenamente a juicio cualquier decisión administrativa.

Las limitaciones del proceso al acto no se explican ya una vez que el contencioso administrativo tiene, en plenitud, naturaleza de proceso jurisdiccional. Se ha imbuido a este de una nueva filosofía, que es la vieja de la separación de poderes, pero situando ahora el control contencioso no en la Administración, sino en la jurisdicción. Lo que lleva consigo la consagración de la independencia de los órganos encargados de resolver los contenciosos. Y también, según venimos estudiando, reservar a ellos la función jurisdiccional de modo pleno. No puede esta ser coparticipada ni interferida por la Administración. Todas las trazas que quedan en el sistema de la vieja situación deben ser eliminadas.

La doctrina ha hecho un esfuerzo reciente por acopiar las exigencias del contencioso de este tiempo. No valen ya algunas viejas limitaciones materiales al control jurisdiccional (los residuos de la doctrina de los actos de gobierno, de la discrecionalidad, de las circunstancias excepcionales). Resulta preciso organizar un proceso en el que el acto administrativo no sea la pieza única de referencia, sino, sobre todo, los derechos fundamentales que están en juego, cuya custodia se ha confiado a la Administración. Es precisa la preservación completa del objeto litigioso, lo que resulta imposible muchas veces si no se cuenta con la posibilidad de solicitar del juez —y que este otorgue— medidas cautelares más enérgicas. No resulta ya tan intocable que para poder acceder al proceso se deba seguir aceptando siempre y necesariamente el privilegio de la decisión ejecutoria. Se advierte la necesidad de que el debate contencioso no mantenga la rémora de la posición preeminente que sus propias reglas de funcionamiento dan a la Administración. Estas exigencias se proyectan, fundamentalmente, al campo de la ejecución de sentencias: el juez carece de facultades suficientes (en verdad el Consejo de Estado no ha sido capaz de inventarlas) para que pueda satisfacer completamente las pretensiones de los demandantes, reconocidas en la sentencia, dirigiendo mandatos a la Administración que sean firmes y efectivos. O buscando fórmulas sustitutivas de ejecución si fueran precisas.

La lentitud de la labor creativa de la jurisprudencia del *Conseil d'Etat* para subvenir a estas necesidades ha venido a ser ayudada por reformas legislativas del contencioso que se centran en la Ley de 31 de diciembre de 1987 y en los Decretos de 2 de septiembre de 1988. Pero, pese a sus avances, estas reformas parecen aún insuficientes a la doctrina, que está reclamando una revisión a fondo del sistema (J. CHAPUISAT, M. FRANC, G. BRAIBANT, B. PACTEAU, B. STIRN, etc.). Sobre todo por entender que al lado de revisiones de algunos defectos concretos, lo que está en el fondo de la crisis, como han destacado M. L. LEVY y X. PRELOT es que

> no es absolutamente evidente (que la concepción tradicional de la separación de poderes) siga estando adaptada a las exigencias del Estado de Derecho según resulta de nuestro orden constitucional y de los compromisos internacionales que nuestro país ha suscrito.

La exigencia es ahora, según la expresan estos autores, extraer todas las consecuencias de la independencia de la jurisdicción respecto de los demás poderes y, en consecuencia, dar plenitud a su función, evitando ejercicios coparticipados o restricciones en el núcleo de su contenido, que habían venido impuestos por una concepción particular de la separación de poderes que, aunque justifique la existencia de una jurisdicción administrativa, en nada apoya que sus facultades no sean, en plenitud, las que deben corresponder a una verdadera jurisdicción.

3. LA TRASLACIÓN A ESPAÑA Y LA AGUDIZACIÓN
   DE LAS CARACTERÍSTICAS BÁSICAS DEL SISTEMA
   CONTENCIOSO ADMINISTRATIVO FRANCÉS

A) *La herencia del Antiguo Régimen y los ensayos de situar
   el contencioso-administrativo entre la jurisdicción
   y la administración*

Con alguna discrepancia doctrinal, está comúnmente aceptado ya entre nosotros que la Constitución de Cádiz instaura en España un sistema "judicialista puro", del que resulta la atribución a la jurisdicción ordinaria de la resolución de los contenciosos en que fuera parte la Administración. No parece, en efecto, que los constituyentes gaditanos se planteasen directamente el problema del contencioso-administrativo. Intentaron, por el contrario, subrayar la separación entre los órganos administrativos y los judiciales, tendiendo a hacer lo más posible la independencia judicial y el principio de unidad de fueros.

Los contenciosos en que era parte la Administración serían conocidos, pues, según el sistema gaditano, por la jurisdicción ordinaria.

Esta conclusión parece avalada por lo dispuesto en el Reglamento de Audiencias y Juzgados de Primera Instancia aprobado por Decreto CCI de 9 de octubre de 1812 (cuyo contenido pasa luego al Reglamento para la Administración de Justicia en lo respectivo a la jurisdicción ordinaria, aprobado por Real Decreto de 26 de septiembre de 1835).

Sin embargo, bien puede afirmarse que este sistema judicialista puro, si estuvo alguna vez en funcionamiento real, debió durar poquísimo tiempo, ya que fue inmediatamente sustituido por formas de entender la posición del Poder Judicial y el control de la Administración que procedían (como hemos visto que ocurrió en Francia) del Antiguo Régimen y que, por su contenido, eran totalmente contrarias a las ideas que los liberales de Cádiz quisieron imponer.

Bastará con rastrear algunas muestras del cambio de situación:

1. Aunque en la Constitución de Cádiz se establecía el principio de unidad de fueros y no se daba un tratamiento especial al control contencioso de la Administración, había en ella base para que perduraran algunas especialidades por encima de su concepción judicialista.

Es ejemplar en este sentido el caso del mantenimiento de una jurisdicción especial para Hacienda. El Reglamento de Audiencias y Juzgados de 1812, antes citado, mantenía esta especialidad, que procedía del Antiguo Régimen. Aunque un decreto posterior de 13 de septiembre suprimiría los *Juzgados de Hacienda*, estos se restablecerían por Decreto de 17 de mayo de 1821. Esta disposición dejaba amplias facultades a los intendentes a los que mantenía en las atribuciones contenciosas (que alcanzaban realmente a casi todos los ramos de la Administración) que les habían reconocido las Ordenanzas, desde la de Intendentes y Corregidores de 13 de octubre de 1749.

2. El "Reglamento para la Administración de Justicia en lo que concierne a la jurisdicción ordinaria" de 26 de septiembre de 1835, fue mucho más permisivo respecto del mantenimiento de tribunales o "juzgados" privativos. En el período de su vigencia, y a pesar de que la unidad de fueros y las apariencias judicialistas del sistema se mantenían, se pueden observar regulados y en funcionamiento práctico, tribunales administrativos especiales como el *"Juzgado de Correos y Caminos"* (su funcionamiento en la época puede detectarse, por ejemplo, en la Real Orden de 5 de mayo de 1835, además de en las referencias de autores de la época, como J. Posada), que tenía competencias contenciosas en las materias que su nombre indica.

3. Está asimismo presente en España en esta primera época la técnica de encomendar la resolución de asuntos contenciosos a

la Administración activa y, en particular, a los ministros. Esta posibilidad está muy claramente expresada en la exposición sobre los "fundamentos del proyecto de ley" de expropiación forzosa (que se aprobaría luego el 17 de julio de 1836) que envió el Ministro Moscoso de Altamira a las Cortes. En él, después de fijar las opciones posibles sobre a quien confiar los asuntos contenciosos a que den lugar las expropiaciones, dice que, hasta que no se establezcan los tribunales administrativos, "es indispensable que se ejerza la Justicia administrativa; y aunque es sensible el gobierno verse en la necesidad de establecer una anomalía, y que la Administración del Estado carezca de las ruedas necesarias que faciliten la acción y la uniformidad de su movimiento", el gobierno "se ha visto en la necesidad de atribuirse la decisión en los litigios en que el bien común se presenta como parte".

4. Durante los primeros años del siglo xix y aún después de que se creara la jurisdicción contencioso-administrativa, las normas legales operan manipulaciones constantes de los conceptos de lo "gubernativo" y lo "contencioso". A los efectos, normalmente, de calificar como gubernativos, y atribuir su resolución a la Administración activa, asuntos que, por su naturaleza, eran contenciosos y, en buenos principios, deberían ser conocidos por la Administración contenciosa o por la jurisdicción.

Puede concluirse de todo ello que, en el período 1812-1845, la Administración activa, por causa de las manipulaciones de la idea de lo gubernativo (que se maneja en sentido expansivo frente a lo contencioso), por razón de las mayores comodidades que proporciona la actuación de los juzgados privativos que siguen actuando en el período y, en fin, por su intervención directa, en tanto que Administración activa, en la resolución ejecutoria de asuntos en perjuicio de parte, se había consolidado un sistema de Justicia administrativa que, como el francés, trataba de situar a los órganos competentes para resolver el contencioso en un segundo plano, en una segunda instancia de revisión.

En 1845 se tratará de crear un sistema distinto, basado en la atribución separada de asuntos gubernativos y contenciosos a órganos distintos de la Administración, pero el peso de la práctica va a introducir inmediatas modificaciones en el modelo. El propio Consejo Real (integrado en la Administración, perteneciendo a él los propios ministros y teniendo solamente jurisdicción retenida), que va a ser el responsable máximo de la organización contencioso-administrativa en España, desde 1845, va a aceptar tales alteraciones inmediatamente.

Así aparece, sin lugar a dudas, en su primera jurisprudencia (RD Sentencias de 18 de agosto, 15 de septiembre y 27 de octubre de 1847; 17 de abril, 5 de julio, 27 de julio, 18 de agosto y 18 de octubre de 1848; 15 de octubre de 1849, etc.).

De manera que la técnica de la decisión administrativa previa, a la que habían dado lugar en Francia la doctrina del ministro-juez, queda también definitivamente implantada entre nosotros.

B) *El desarrollo ulterior del sistema y los costes de su jurisdiccionalización*

El modelo francés se aplicó, como es conocido, en España, de manera plenaria a partir de 1845, aunque las bases para su establecimiento estuvieran ya anticipadas en la legislación del período anterior y en la jurisprudencia.

La Ley de 2 de abril de 1845 regula la organización y atribuciones de los consejos provinciales y la de 6 de julio de 1845 asigna la materia contencioso-administrativa al Consejo Real (que se denominara Consejo de Estado a partir de 1858). El procedimiento ante uno y otro se regula por los Reglamentos de 1 de octubre de 1845 y 30 de diciembre de 1846.

La Justicia, como en el modelo francés original, era retenida, y los asuntos susceptibles de revisión no comprendían la totalidad de las materias en que intervenía la Administración, sino que estaba sometida a múltiples restricciones que son, casi siempre, de elaboración jurisprudencial. El régimen, llamado de "lista", trataba de relacionar los asuntos administrativos susceptibles de revisión jurisdiccional, en una lista, de elaboración doctrinal, hecha sobre la base del análisis de las limitaciones al control de la Administración establecida por la jurisprudencia.

La configuración del contencioso se mantiene así durante casi todo el siglo XIX, con las muy escasas excepciones que representan las épocas en las que la concepción estricta de la separación de poderes lleva a los políticos a declarar la supresión de la Justicia administrativa existente (así durante la revolución de septiembre de 1868: Decretos de 13 y 16 de octubre de 1868).

Las bases definitivas de la judicialización del contencioso-administrativo en España vendría a establecerlas la Ley de lo Contencioso-administrativo de 13 de septiembre de 1888.

El conocimiento de lo ocurrido durante la tramitación de esta ley (que puede obtenerse exhaustivamente a través del excelentemente documentado libro de L. MARTÍN REBOLLO) es decisivo para los efectos de nuestro estudio.

Se enfrentaron con ocasión del debate de la ley dos concepciones opuestas acerca de la organización de la jurisdicción contencioso-administrativa. Los liberales defendían que el sistema fuera de jurisdicción delegada. Los conservadores, en cambio, mantenían como cuestión de principio que la jurisdicción debería concebirse como retenida. Estas posiciones separadas se justificaron durante el debate en interpretaciones diversas del texto constitucional que justificaba, según uno, la retención del poder de juzgar a la Administración en manos del Rey, mientras que otros, como DANVILA, pensaban que "no hay ningún artículo constitucional que prohíba que el juez especial falle en lo contencioso-administrativo, ni hay ningún artículo constitucional que mande que un Consejo con jurisdicción retenida falle en lo contencioso-administrativo, ni de una manera ni de otra puede pensarse que se infringe la Constitución".

Al final se llegó a un entendimiento entre ambas fuerzas políticas, en el que se produjeron cesiones mutuas. Su resumen es simple: los conservadores renunciaron a la jurisdicción retenida pero, a cambio, los liberales tuvieron que admitir recortes de la regulación establecida, de manera que la jurisdicción tuviera muchas restricciones a la hora de juzgar a la Administración.

El conde de TORREAZNAR hizo un expresivo resumen del acuerdo alcanzado y de sus consecuencias:

> Se convino que el partido conservador renunciara a la jurisdicción retenida, aceptando la jurisdicción delegada, y que el partido

liberal-democrático consintiera en sujetar esta jurisdicción a ciertos recursos que la hicieran inofensiva.

E insiste en que el experimento tenía pocos riesgos:

> Dejemos, pues, la cuestión de la jurisdicción retenida y delegada, que tal como en el proyecto se establece algún día quizá podrá servir de modelo a esas naciones que la tienen también, por las válvulas de seguridad que con mano perita han puesto en la ley los señores Cánovas y Silvela para hacerla inofensiva.

En los debates en el Senado aparecía detalladamente expresado cuáles eran algunos de estos resortes que hacían la ley inofensiva. Es curioso que algunos de ellos fueran destacados por los propios defensores de la jurisdicción delegada. Como COLMEIRO, por ejemplo, que atacaba el régimen establecido de ejecución de sentencias porque había quedado tan minorado de fuerza que más parecía una manifestación de la justicia retenida que de la justicia delegada:

> No hay jurisdicción delegada entre tanto que las sentencias no se cumplan según la voluntad que las dio... Decidme, si no, si una sentencia del Tribunal Supremo puede dejar de cumplirse, aunque el Gobierno se oponga, mientras que aquí se le reserva la facultad de suspender una sentencia...

La misma ambigüedad mantenía el proyecto en cuanto a la judicialización definitiva del contencioso. El invento que sirvió para mantener una entente entre los defensores de entregar la resolución de los contenciosos en que era parte la Administración a sus órganos (como había ocurrido hasta entonces), o de encomendarla a órganos judiciales, es mérito de SANTAMARÍA DE PAREDES. Las virtudes del "sistema armónico" de jurisdicción contencioso-administrativa fueron resumidas así por su principal ideador:

> Lo contencioso-administrativo no pertenece al orden judicial ni al orden administrativo; tiene una situación propia; ni es una segunda parte del procedimiento administrativo, ni es un pleito ordinario que exija conocimientos especiales; surge de la reunión de estos términos: lo administrativo y lo contencioso; y no debe estar supeditado ni al Poder Ejecutivo ni al Judicial...

Por esta razón el contencioso se entrega a órganos jurisdiccionales, de un lado, y al Consejo de Estado (órgano administrativo), de otro.

Aunque la Ley de 5 de abril de 1904 transfiera las competencias contenciosas del Consejo de Estado al Tribunal Supremo, quedaron presentes en todo el sistema, hasta hoy mismo (aunque el tiempo, la legislación y la jurisprudencia hayan contribuido a eliminar muchas de ellas) las limitaciones con que fue inicialmente concebida. En la *Ley Santamaría de Paredes* de 13 de septiembre de 1888 no solo había "válvulas de seguridad" para la Administración, más o menos encubiertas, sino restricciones efectivas a su enjuiciamiento. Para empezar, entre estas últimas las limitaciones a la cláusula general de enjuiciamiento de la Administración que imponían, para poder impugnar una resolución administrativa, que hubiera causado estado, que fuera resultado del ejercicio de facultades regladas y que hubiera lesionado un derecho de carácter administrativo establecido anteriormente en favor del demandante por una ley, un reglamento u otro precepto administrativo (artículo 1º de la Ley de 1888).

La jurisdicción administrativa se inserta, pues, en España en la órbita del Poder Judicial, desde luego, pero su configuración responde al mismo orden de ideas que sirvieron para organizar la justicia administrativa en Francia. En particular, el interés general que la Administración Pública representa exige debilitar las formas de control jurisdiccional sobre la misma. No es posible entregar esa tarea sin restricciones a los tribunales. Cuando estos intervienen ha de ser *ex post* de que la Administración ha decidido de forma ejecutiva. Deben, en fin, mantenerse en manos de la Administración prerrogativas que la sitúen ante los tribunales en un plano distinto del de los particulares.

Como ya hemos visto, la crisis francesa del contencioso-administrativo no está exigiendo la liquidación de todas esas reglas, pero sí las está cuestionando para determinar si tienen ya alguna justificación y se acomodan a las ideas constitucionales.

De la misma manera, a efectos del presente estudio, lo que importa enjuiciar, en relación con todo el arrastre histórico del que aparece revestido el contencioso, es si las interferencias de la Administración y las restricciones que se conservan no son, en verdad, manifestaciones inaceptables constitucionalmente de ejercicio por la Administración de funciones materialmente jurisdiccionales. Son incursiones de la Administración en el seno de la reserva de jurisdicción que rompen con la exclusividad de su ejercicio y con la independencia de los jueces y magistrados.

4. RESTRICCIONES LEGALES Y AUTORESTRICCIONES JURISPRUDENCIALES: LOS VAIVENES DE LA LUCHA POR EL CONTROL JUDICIAL Y LA EXCLUSIÓN DE FACULTADES JURISDICCIONALES DE LA ADMINISTRACIÓN

Es imposible, además de que no sea este ahora nuestro propósito, llevar a término un análisis exhaustivo de todos los supuestos en que el fenómeno de las interferencias que estamos buscando se ha dado, en la legislación o en la jurisprudencia.

En los últimos años, y muy señaladamente después de que se aprobara la Constitución de 1978 (lo que, dicho sea de paso, supone un reconocimiento, aunque no sea siempre explícito, del cambio de concepción en el contencioso que esta ha impuesto), se ha producido un avance considerable de la jurisprudencia contencioso-administrativa en el camino de reducir posiciones que la Administración había adquirido. Estas o no tenían ninguna justificación constitucional o legal o, cuando la tenían, era tan débil que, desde luego, era previsible que en cuanto los tribunales se sintieran bien amparados por la seguridad jurídica que ofrece el marco constitucional, arremetieran contra ella abiertamente.

En el orden de estas conquistas está la nueva jurisprudencia en materia de sanciones administrativas (entre las Sentencias del Tribunal Constitucional, son hitos las siguientes: 18/81, de 8 de junio; 77/83, de 3 de octubre; 66/84, de 6 de junio; 31/85, de 5 de marzo; 74/85, de 18 de junio, etc.) que ha incorporado al abigarrado y jurídicamente incontrolado mundo de la potestad sancionadora administrativa la práctica totalidad de los principios que rigen el ejercicio de la potestad punitiva penal (legalidad, injusto típico, culpabilidad, etc.). También los avances indudables experimentados en el control de la discrecionalidad administrativa que alcanzan desde un mayor control de las circunstancias de hecho que justifican el ejercicio de sus potestades por la Administración (en el ámbito concreto del urbanismo, por ejemplo, son muy significativas las Sentencias del Tribunal Supremo de 23 de marzo de 1982, 28 de diciembre de 1983, 18 de octubre de 1985, 14 de diciembre de 1987, etc.), a la adecuación de la actividad administrativa a los fines que la legitiman (aquí la renovación jurisprudencial en materia de desviación de poder; entre muchas Sentencias del Tribunal Supremo, las de 1º de octubre de 1982, 10 de febrero de 1984, 6 y 11 de diciembre de 1984, 14 de julio de 1987, etc.). Así también las renovaciones en el enjuiciamiento de las circunstancias especiales que invoca la Administración para apartarse de la legalidad ordinaria e incrementar sus poderes de autotutela marginando la intervención de los jueces (por ejemplo, el control de las declaraciones de urgencia en las operaciones expropiatorias, a partir de la importantísima Sentencia del Tribunal Supremo de 25 de octubre de 1982; o de la autoatribución de potestades invocando la concurrencia de circunstancias especiales, de lo que es una muestra ejemplar la Sentencia de 26 de enero de 1978). O, quizás con más importancia que las anteriores, por suponer un importante giro en las concepciones limitativas del debate procesal (que se han aplicado en nuestro contencioso aun con más estrechez que en Francia), la jurisprudencia del Tribunal Supremo que ha establecido una nueva concepción del dogma clásico del carácter revisor de la jurisdicción contencioso-administrativa. Esta jurisprudencia tiene múltiples manifestaciones importantes. Por ejemplo, ha roto con la regla (establecida en Sentencias como las de 18 de marzo de 1961 y 18 de abril de 1974) de que la jurisdicción contenciosa era un estricto proceso al acto y que, por tanto, los tribunales no podían referirse a cuestiones que no estuvieran comprendidas en el acto previo (el cambio a partir de la importante Sentencia de 18 de marzo de 1974). En conexión con lo anterior, se admiten también en el proceso alegaciones y pruebas de todo tipo, aunque no se hayan formulado ante la Administración (Sentencias de 26 de diciembre de 1973, 6 de diciembre de 1974, 28 de enero de 1975, 5, 9, 16 y 18 de junio de 1976, etc.). Los tribunales entran a conocer el fondo del asunto a pesar de que se hayan producido defectos formales en la tramitación, con lo que se superan los rigores de la doctrina de los vicios de orden público (estudiada entre nosotros por T. R. FERNÁNDEZ) que impedía a la jurisdicción enjuiciar el fondo cuando se encontraba con defectos de forma (la nueva jurisprudencia a partir, sobre todo, de las Sentencias de 12 de marzo de 1978, 4 y 17 de febrero, 8 y 10 de marzo y 15 de febrero de 1978, 4 y 21 de enero de 1980, etc.). La superación paulatina, aunque incompleta, de la jurisprudencia que impedía ir al tribunal más allá de lo comprendido en el acto revisado y, por tanto, adoptar medidas que pudieran suponer una sustitución de la Administración (los brotes jurisprudenciales renovadores están a partir de las Sentencias de 26 de noviembre de 1975, 29 de septiembre de 1976, 23 y 28 de febrero de 1977, etc.), y otros tantos ejemplos que podrían manejarse sin duda.

El examen de toda esta jurisprudencia, tanto la renovadora como la renovada, permite apreciar que a pesar de ser el contencioso-administrativo en España de conformación legal, regulado extensamente en la Ley Reguladora de la Jurisdicción Contencioso-Administrativa de 27 de diciembre de 1956, ha mantenido iguales o mayores restricciones que el sistema francés, que es de origen jurisprudencial.

Es curioso observar que, como los cambios jurisprudenciales son más lentos que los legales, la doctrina francesa está ahora impetrando el auxilio del legislador en la renovación del contencioso. La misma necesidad, naturalmente, se da aquí, pero debe reconocerse como cierto que nuestra LJCA de 1956 mantenía la judicialización del control de la Administración en términos más amplios que los que la autolimitación jurisprudencial ha impuesto.

El mimetismo en algunas operaciones de autorestricción aplicada por la jurisdicción contencioso-administrativa en España y Francia se ha mantenido hasta extremos sorprendentes.

En la experiencia jurisprudencial de ambos países hay casos extremos de asunción por la autoridad administrativa de facultades que no le corresponden, que usa para restringir o liquidar derechos de los ciudadanos evitando la intervención de los jueces que ordinariamente tendrían que actuar. Cuando estas inmisiones son revisadas y los tribunales se encuentran con una situación de hecho que ya es prácticamente irreversible no declaran su nulidad, sino el derecho de los afectados a recibir una indemnización.

Esto ocurre, por ejemplo, siempre que se hace una obra pública sobre un terreno particular sin haber seguido previamente el procedimiento expropiatorio. Si cuando el tribunal conoce del asunto, la obra está completamente ejecutada, con alguna frecuencia no declara la nulidad de la operación sino el deber de conservar la obra e indemnizar a los afectados. En España esta doctrina está establecida desde la Sentencia de la Sala 1ª del Tribunal Supremo de 9 de abril de 1913, que resolvió el contencioso planteado con ocasión de la creación de la Plaza de Cataluña de Barcelona (ejecutada sobre una explanación hecha por sorpresa en una noche, que destruyó un conjunto de propiedades privadas que existían en la zona, sin que mediara expropiación), y se ha mantenido hasta recientemente en Sentencias como las de 20 de mayo de 1977, 28 de marzo y 16 de febrero de 1979, etc.

En todas estas sentencias se invoca la utilidad general de la obra pública como causa de justificación. La misma, por cierto, que figura en la jurisprudencia francesa de la *Cour de Cassation* (Sentencia de 17 de febrero de 1965) que, a su vez, recoge un principio doctrinal según el cual *"l'ouvrage public mal planté ne se déttruit pas"*. Una comunicación en la práctica de ambas doctrinas, la española y la francesa, puede encontrarse en el dictamen de nuestro Consejo de Estado de 20 de junio de 1962 (relativo a un supuesto de instalación de una base naval del Ejército sobre terrenos de propiedad particular no expropiados previamente), problema que estudié hace unos años.

Lo destacable ahora, desde nuestra perspectiva, es que en casos como estos los tribunales administrativos usan sus potestades con una *self restraint* máxima. No aplican sus facultades de anulación. Respetan la *emprise* administrativa y aceptan, en razón a la peculiaridad de las circunstancias, que la Administración haya hecho a la vez el papel propio y el de los jueces.

Nótese que difícilmente el interés público padecería si se condenara a la Administración, además de, naturalmente, a indemnizar, a seguir el procedimiento expropiatorio desde el comienzo.

El avance de la jurisprudencia, librándose de algunas viejas concepciones injustificables hoy constitucionalmente, no solo es, por tanto, lento, sino que está sometido a continuos vaivenes. De pronto hay tribunales que, extralimitando el sentido de su función renovadora, se meten de lleno en reductos administrativos en los que la Administración debe seguir siendo soberana. Este es el caso de la discrecionalidad técnica (en el que pretendió entrar la Audiencia Territorial de Valencia aceptando enjuiciar las calificaciones dadas por los tribunales de oposiciones; jurisprudencia corregida por la Sala de Revisión del Tribunal Supremo en su Sentencia de 17 de diciembre de 1986).

Algunas veces, en fin, a los avances jurisprudenciales responde el propio legislador, reivindicando técnicas que reintroducen a la Administración en posiciones de privilegio.

Dos ejemplos recientes de esto último, para terminar este bloque de consideraciones: las expropiaciones de sentencias previstas en el artículo 18.2 de la Ley Orgánica del Poder Judicial de 1 de julio de 1985, que faculta a la Administración a no reconocer los derechos declarados en una sentencia, por la vía de expropiación, y convertirlos en una indemnización. Lo que, sin duda, mete la Administración en el terreno de la ejecución de lo juzgado que el artículo 117.3 de la Constitución reserva en exclusiva a los jueces y tribunales.

Segundo ejemplo: el increíble artículo 7 de la Ley de Conflictos Jurisdiccionales de 18 de mayo de 1987, que, partiendo de la prohibición general de que la Administración plantee a los juzgados y tribunales conflictos de jurisdicción de los asuntos judiciales resueltos por auto o sentencia, admite luego que el conflicto pueda plantearse cuando "nazca o se plantee con motivo de la ejecución de aquellos o afecte a facultades de la Administración que hayan de ejercitarse en trámite de ejecución".

El precepto permite, como se ve, que la Administración pueda disputar a los tribunales la forma en que se han de ejecutar las sentencias y, desde luego, obstaculizar estas operaciones. Es notable que tal facultad no estaba comprendida en el artículo 13.a) de la anterior Ley de Conflictos Jurisdiccionales de 17 de julio de 1948. La imposibilidad de que la Administración pudiera usar la vía de los conflictos para pretender acomodar o cuestionar la ejecución de los fallos, está además, terminantemente declarada en la jurisprudencia de conflictos aparecida con ocasión de aquella ley (Decretos de 26 de julio de 1956, de 20 de febrero de 1969, de 20 de agosto de 1974, etc.). De manera que sería paradójico que en la época constitucional se experimentara un retroceso en este punto. Por lo demás, seguramente la nueva ley pretendió traer a su texto una solución en favor de la Administración que evitara la reproducción de conflictos como el que enfrentó al Gobierno y a los tribunales con ocasión de la extradición de dos súbditos colombianos solicitada al tiempo por EE. UU. y Colombia (que prefería el primero que lo fuese a EE. UU. para atender a las presiones que estaba recibiendo, mientras los tribunales lo habían concedido a Colombia). Es decir, que tampoco en su fundamentación misma hay error: se trataba de introducirse en el ámbito de la reserva de la jurisdicción.

5. Otras formas nuevas de usurpar la administración.
El papel de los tribunales: la concreción e interpretación
de las leyes mediante normas administrativas

El deseo de convertir a los jueces en autómatas que pronuncian "las palabras de la ley" se extinguió con la abolición de las fórmulas del *référé legislatif*. La función de interpretar las leyes no se les ha regateado entonces.

Sin embargo, como ha observado agudamente J. Prieur, se están gestando nuevas formas de ruptura de la separación de poderes, nuevos modos de intromisión de la Administración en los dominios característicos de la función jurisdiccional. Se trata esta vez de que aquella está asumiendo tareas interpretativas que no solo deberían quedar a la exclusiva disposición de los tribunales, sino que, a veces, tratan de situar a estos en una posición tan subordinada que su juicio se agota en una aplicación nada creativa de la norma administrativa interpuesta entre ellos y la ley. Se está produciendo, como dice el autor citado, "un abandono del poder normativo de la jurisprudencia en beneficio de la Administración". Prieur pone como ejemplo las circulares que se aprueban para detallar "la prohibición de prácticas comerciales restrictivas de la competencia", que agotan totalmente cualquier resquicio creativo que fuera posible con ocasión de la interpretación de la ley.

Puede observarse que estas circulares son, en sí mismas, verdaderas resoluciones en Derecho adoptadas por la Administración.

No solo se degrada así el papel de la justicia sino también la situación de los justiciables, que no pueden encontrar fácilmente medios de defensa ante el giro continuo en los criterios interpretativos que se pueden incorporar a las medidas administrativas, que no ofrecen ni la seguridad ni la estabilidad de la jurisprudencia.

El juez queda de esta manera víctima de una especie de "ideología de la eficacia". Se invocan las peculiaridades y complejidades de la moderna intervención estatal en la economía para tratar de explicar que no es posible, por imperativos técnicos, que las leyes desciendan a detalles que el legislador no puede conocer y establecer sin la ayuda de la Administración.

Nuestro Tribunal Constitucional se ha ocupado en un par de ocasiones de evitar que la invocación a las complejidades técnicas del caso sirva de excusa para que el legislador entregue a la Administración la regulación complementaria de materias que están reservadas a la ley (en materia de delitos monetarios: Sentencias de 11 de noviembre y 17 de diciembre de 1986). Pero el control tiene que ejercitarse con más extensión: no solo hay que impedir que la Administración invada los dominios de la ley sino que, con similares fundamentos constitucionales, hay que alejarla también del ejercicio de funciones que corresponden a los jueces y tribunales.

6. LOS EXCESOS DE LA JUDICIALIZACIÓN. NUEVA REFLEXIÓN SOBRE
MODELOS QUE HAN MANTENIDO UN ÁMBITO EXCLUSIVO
PARA LA ACTUACIÓN DE LOS TRIBUNALES. EL EJEMPLO
DE LA ARRIBADA INGLESA AL CONTENCIOSO-ADMINISTRATIVO:
LA "APLICATION FOR JUDICIAL REVIEW"

En Alemania han proliferado en los últimos años las críticas que manifiestan preocupación por convertir el Estado de Derecho en un Estado judicial. Fundamentalmente la preocupación está dirigida contra los ensayos de juridificación de la política (Papier); pero no en general, que equivaldría a propugnar para la política una exención plena de control judicial, sino solo en relación con aquellos casos en que la jurisdicción administrativa, como ha notado Bachof, se inmiscuye en las funciones públicas que corresponden a otros poderes (destacar, por ejemplo, el valor artístico de una película o de un monumento).

Estos excesos no solo llevan consigo una nueva interferencia de poderes tan grave como la que la mecánica de las reservas constitucionales en favor de cada uno de los poderes trata de proteger, sino que producen otro efecto: el de la acumulación de asuntos ante los tribunales impidiendo su funcionamiento.

Sin necesidad de que se cometa extralimitación alguna en la definición del papel constitucional de la jurisdicción, siempre se hace preciso establecer algún tipo de mecanismos correctivos ante las cláusulas generales que permiten a los tribunales conocer de cualquier litigio, sean o no parte en el mismo los poderes públicos. La aplicación por el Tribunal Supremo norteamericano de la técnica del *certiorari* (que le permite elegir libremente qué asuntos de entre los que se le plantean merece una decisión suya por ser el problema que se suscita relevante y ejemplar) tiene que ver con esa necesidad.

Los privilegios de la Administración, sus posiciones jurídicas especiales que aquí estamos diciendo que suponen a veces un ejercicio coparticipado de la función jurisdiccional que afectan al núcleo de la reserva de jurisdicción, han cumplido, además de las misiones que ya hemos reconocido, también la función (seguro que impremeditada) de válvulas de seguridad para que los asuntos administrativos no llegaran a los tribunales en aluvión.

Esta circunstancia debe tenerse bien presente. No pueden eliminarse piezas de un sistema sin hacer un pronóstico de a dónde pude conducirnos la operación. Porque si el resultado de someter las relaciones de la Administración y la Justicia a nuevos postulados constitucionales es que los tribunales se atasquen de asuntos y no puedan cumplir su tarea, habremos hecho una operación catastrófica: para reponer unas garantías habremos destruido otras más esenciales. Bastante torpe y lenta es ya la justicia administrativa como para encima someterla ahora a una sobredosis de atribuciones nuevas.

No se diga que la solución frente a ese problema está en la multiplicación de los medios, de los efectivos técnicos y de los tribunales, porque ya se sabe que estos procesos ampliatorios apenas resuelven nada y, además, porque las expansiones y crecimiento desmesurados hacen crisis enseguida y no se puede llegar demasiado lejos.

Pero sería falso pretender que en materia de relaciones de la Administración y la justicia cualquier solución que se intente es mala. Es preciso implantar plenamente todas las consecuencias que venimos atribuyendo a la separación de poderes y a la subsiguiente reserva de jurisdicción, pero también es necesario, para que el cambio sea efectivo, operar sobre los procedimientos de actuación de los tribunales, enriquecerlos, cambiarlos y, además, buscar fórmulas que permitan que las controversias puedan resolverse sin necesidad de acudir a ellos.

Para contrastar estas ideas es inevitable fijarse un momento en el modelo inglés (al fin y al cabo también la doctrina francesa, que lleva encerrada doscientos años recreándose en el invento genial del Consejo de Estado, acaba de empezar a hacer excursiones al exterior a la búsqueda de modelos que puedan ofrecer ideas con las que taponar las goteras del propio).

Inglaterra ha instaurado una verdadera jurisdicción administrativa, la denominada *application for judicial review*, hace muy pocos años. Realmente fue implantada a partir de la orden 53 de la *Rules of Supreme Court Amendement* de 1977 y concluida por la *Supreme Court Act* de 1982. Lo que hacen estas leyes es establecer un procedimiento único para los cuatro *remedies* tradicionales (*ex prerrogative orders, certiorari, prohibition* y *mandamus*, además de la *ex-injuction* de la Sección 9 de la *Administration of Justice Act* de 1938). La *application for judicial review* está precedida de una fase que se denomina *application for leave* que es una especie de demanda solicitando plantear la acción principal.

No resulta preciso ahora detenerse en los pormenores de estos procedimientos. Para los efectos de la exposición es suficiente con decir que son la expresión de un contencioso-administrativo montado a partir de una tradición propia. Una de las características fundamentales de esa tradición es que no parte, como la experiencia francesa y española, de una situación de autotutela administrativa con toda su corte de consecuencias: decisión previa, ejecutoriedad de los actos, régimen especial de acceso al contencioso, especialidades de la ejecución de sentencias, etc. Por el contrario, la separación de poderes se ha mantenido en Inglaterra de modo que se han evitado muchas de las interferencias típicas de la Administración en la actividad de los tribunales que existen en el continente.

De modo que el inglés es un buen modelo para mirar cómo puede funcionar la justicia administrativa cuando se la despoja de todas las rémoras que resultan incompatibles con el buen entendimiento de la Constitución. La aproximación entre el modelo británico y el francés ha producido resultados finales muy llamativos: Inglaterra, después de muchos años de resistencia, ha terminado por incorporar el contencioso-administrativo (tan aborrecido por algunos desde los tiempos de DICEY). Y Francia, y los continentales europeos que imitaron su ejemplo, tendrán que tomar nota de cómo puede organizarse un sistema contencioso no lleno de prevenciones hacia el poder ni de intromisiones de la Administración en su puesta en práctica.

Seguramente las peculiaridades singulares del modelo británico y el francés harán difícil una aproximación final plena (que, no obstante, además de las necesidades prácticas de evolución de los respectivos sistemas, se ha hecho más fácil por el sometimiento de ambos a los principios del Derecho común europeo que está elaborando el Tribunal de Justicia de Luxemburgo). Pero los dos pasarán el resto de sus vidas —mientras subsista alguna diferencia— mirándose de reojo.

La clave británica está en evitar que los tribunales (*Courts*) se atasquen de trabajo y se paralicen, facilitando que muchos de los asuntos que podrían terminar en los mismos (y sin perjuicio de que, en su caso, puedan ser planteados ante ellos) sean resueltos por tribunales (*Tribunals*) administrativos que son órganos de naturaleza no jurisdiccional.

De estos *Administrative Tribunals* hay ejemplos en el siglo pasado pero se han desarrollado plenamente en la primera mitad de este, a medida que ganaba impulso la multiplicación de la actividad administrativa que requería el *Welfare State*.

La característica de funcionamiento de estos *Administrative Tribunals* es que resuelven los asuntos con agilidad, de forma rápida y barata. Normalmente no están integrados mayoritariamente de juristas y someten su actuación a un procedimiento, que paulatinamente se ha ido uniformado, en el que, desde luego, se mantiene el principio de contradicción.

La *Tribunals and Enquires Act* de 1958, convalidada por la *Tribunals and Enquires Act* de 1971, reafirmó el sistema y desestimó la idea de montar un órgano de apelación sobre el modelo del Consejo de Estado francés. No hay ahora un recurso generalizado de alzada frente a las decisiones de los tribunales. Estos, sin embargo, pueden dirigir consultas, a efectos de resolver mejor, al *Council on Tribunals*. En fin, contra las resoluciones de los mismos, está garantizado el acceso a la *High Court* por la vía de la *application for judicial review*.

Lo que aporta la experiencia británica, ante un proceso —que necesariamente tiene que llevarse entre nosotros hasta sus últimos términos— de depuración de las interferencias de la Administración en el terreno de la Justicia, es la búsqueda de mecanismos, fórmulas y vías complementarias que eviten una aglomeración de asuntos ante los tribunales. Instancias arbitrales y de composición, organizaciones ágiles, en fin, donde los particulares puedan encontrar una solución a sus reclamaciones sin necesidad de emprender complicados, costosos y lentos procedimientos ante los Tribunales de Justicia.

De estas fórmulas de composición o arbitrales han existido siempre manifestaciones en nuestro propio Derecho (como ha estudiado PARADA), aunque no hayan conseguido un desarrollo importante. La legislación posconstitucional está reanudando la aplicación de procedimientos arbitrales pero, mayormente, por el procedimiento de atribuir a la Administración la facultad de arbitrar en caso de conflicto entre intereses particulares, y menos como una alternativa para resolver controversias entre ella misma y los particulares (ejemplo de las formulaciones legales últimas de estas técnicas en los artículos 32 y siguientes de la Ley de Patentes de 20 de marzo de 1986; artículo 143 de la Ley de Propiedad Intelectual de 11 de noviembre de 1987; artículo 37 de la ley de 30 de julio de 1987, de Ordenación de los Transportes Terrestres; artículo 12 de la ley de 31 de diciembre de 1980 de Arrendamientos Rústicos, etc.). Por lo demás, este tipo de arbitrajes, cuando se configuran como obligatorios resultan ser una alternativa a la jurisdicción que el Tribunal Constitucional se ha anticipado a declarar contraria a la Constitución. En su Sentencia 192/81, de 8 de abril (huelga y conflictos colectivos) observó que es problemática "la licitud constitucional de que potestades que a primera vista parecen jurisdiccionales por consistir en la resolución de conflictos, se confieran a órganos de la Administración en contra del principio de la separación de poderes". Las leyes ulteriores, en razón a esta advertencia, han configurado el arbitraje voluntario. Aunque no ha cuestionado en su Sentencia 119/83, de 14 de diciembre (*Juntas Arbitrales de Arrendamientos Rústicos*) que pueda anteponerse la intervención de un órgano arbitral, si es que está constituido y en funcionamiento, como requisito para el acceso al proceso civil.

7. LA APROXIMACIÓN DEL TRIBUNAL CONSTITUCIONAL A UN NUEVO MODELO DE RELACIONES ENTRE LA ADMINISTRACIÓN Y LA JUSTICIA QUE RESPETE AL TIEMPO LAS PRERROGATIVAS DE AQUELLA Y LA RESERVA DE JURISDICCIÓN

El Tribunal Constitucional, como se sabe, se ha aproximado muchas veces en sus sentencias al orden de ideas que han venido siendo expuestas hasta aquí. Se ha movido siempre con la prudencia precisa para compatibilizar las peculiaridades de su modelo administrativo histórico, que tiene algunas raíces seculares, con una Constitución moderna cuyos principios hay que imponer de modo necesario.

No se trata entre nosotros (como no se pretende tampoco en medio de la crisis abierta del contencioso-administrativo en Francia, ni ocurrió de modo brusco con la implantación de reglas constitucionales nuevas en países que habían recibido la influencia francesa) de liquidar en poco tiempo una herencia centenaria. Lo que es necesario, como hemos tratado de demostrar en este estudio, es cobrar plena conciencia de que las relaciones entre la Administración y la Justicia se montaron usando unos principios inspiradores que, en *algunos aspectos*, carecen hoy de legitimidad constitucional.

Lo que ha ocurrido, sin embargo, hasta ahora, es que existiendo alguna convicción, más o menos profunda, de la incompatibilidad con la Constitución de algunos aspectos del sistema contencioso, no se ha hallado siempre una regla que guíe con seguridad las valoraciones constitucionales de cada uno de los aspectos problemáticos de las relaciones de la Administración y la Justicia.

Los análisis más comunes se han fijado, hasta ahora especialmente, en el derecho fundamental a la tutela judicial efectiva, o, también, en la posición preeminente que este y otros derechos fundamentales tienen en la Constitución, lo que conduciría a la necesidad de organizar el proceso de forma que no prime en él la Administración llena de prerrogativas, sino precisamente los requerimientos de tutela efectiva de aquellos derechos. Esta explicación (desarrollada recientemente por E. GARCÍA DE ENTERRÍA) es indiscutible. Pero lo que termina por exigir es una eficaz y completa tutela judicial de los derechos, que no es poco, pero no permite discernir, por sí sola, qué tipo de intervenciones de la Administración en el terreno de la jurisdicción resultan ilegítimas ni qué fórmulas de ejercicio coparticipado de la función jurisdiccional deben erradicarse.

El método que se debe usar no solo pone el énfasis en la tutela de los derechos (clave de bóveda de la función jurisdiccional y, como explicamos al tratar de las interferencias del legislador en el ámbito de la jurisdicción, resulta, a veces, insustituible para poder identificar algunos tipos de interferencia) sino en la aplicación con todas sus consecuencias de un principio estructural básico de todo el Estado de Derecho: el que ordena la división de poderes reservando a cada uno de ellos un núcleo funcional típico y no arrebatable ni susceptible de compartición. Esta separación es también un expediente de defensa de la libertad, aunque logrado por la vía de la organización y no por la de la configuración constitucional de los derechos.

Naturalmente, no obstante lo anterior, el reajuste de posiciones entre la Administración y la Justicia que está operando el Tribunal Constitucional está apoyándose de modo principal en el artículo 24 de la Constitución, que reconoce el derecho de los ciudadanos a la tutela judicial efectiva, porque solo este precepto, y no, por ejemplo, el artículo 117, permite el acceso al tribunal por la vía del recurso de amparo.

Nos limitamos, para concluir este capítulo, con dar cuenta y establecer algunas reflexiones sobre la significación de las aportaciones jurisprudenciales más interesantes.

A) La primera vez que el Tribunal Constitucional se planteó de manera frontal y por extenso el problema de la compartibilidad de algunas prerrogativas de la Administración con la nueva ordenación constitucional de la Justicia, fue en la Sentencia 22/84, de 17 de febrero (*Tomás Pravia*). El tribunal declaró (a instancias de quien había recurrido contra una decisión administrativa que suponía la entrada en un domicilio particular sin mediar la autorización judicial que requiere el artículo 18.2 de la Constitución) la adecuación a la Constitución de "la potestad de la Administración de autoejecución de las resoluciones y actos dictados por ella".

La sentencia afirmó que esta potestad de autotutela no es necesariamente incompatible con el artículo 117.3 de la Constitución que atribuye el "monopolio de la potestad jurisdiccional consistente en ejecutar lo decidido a los jueces y tribunales establecidos en las leyes". Probablemente así sea. Pero la declaración de compatibilidad la alcanza el tribunal por un método harto discutible. Afirma que, no obstante el artículo 117.3, el artículo 103 de la Constitución obliga a la Administración a atenerse al principio de eficacia y remite a la ley la búsqueda de fórmulas para que la actuación administrativa sea eficaz. Los poderes de "autotutela o de autoejecución" serían de esta clase y tendrían su fundamento en el artículo 103 de la Constitución.

El argumento del tribunal, además de incurrir en una evidente petición de principio (no justifica que mantenerse en el régimen ordinario de ejecución a través de los jueces y tribunales sea un procedimiento de ejecución administrativa ineficaz, ni observa por qué no son ineficaces las Administraciones de otros países —incluso los de la cultura administrativa francesa— que someten la ejecución al método judicial ordinariamente), no pone ningún coto a la definición legal de las exigencias del principio de eficacia que, por lo menos, tiene el límite obvio de deber formularse compatibilizándose (lo que es posible, como enseñan otros sistemas) con la reserva de atribuciones que formula el artículo 117.3 en favor de la jurisdicción.

Tampoco parece que pueda postularse una extinción de la prerrogativa de la autotutela ejecutiva de que dispone la Administración; lo que se trata de indicar es que la valoración sobre su adecuación a la Constitución necesita todavía de otras reflexiones del Tribunal Constitucional.

La Sentencia 22/84, terminó, no obstante, por declarar que la extensión con que la ley ha formulado las potestades de ejecución forzosa debe modularse, por lo menos en aquellos casos en que, a efectos de protección de derechos concretos, la Constitución exige la autorización previa de un juez. Ello ocurre con el domicilio en el artículo 18.2.

Después de esta sentencia, la Ley Orgánica del Poder Judicial de 1 de julio de 1985 ha atribuido a los juzgados de instrucción la competencia para otorgar "autorización en resolución motivada para la entrada en los domicilios y en los restantes edificios o lugares de acceso dependientes del consentimiento de su titular, cuando ello proceda para la ejecución forzosa de los actos de la Administración" (art. 86.2).

Como están revelando los problemas que la aplicación de este precepto está suscitando en la práctica, no parece afortunada la solución de conferir la competencia para autorizar la entrada en domicilios a un juez de instrucción que, normalmente, carece de una preparación específica en materias jurídico-administrativas y que no siempre, por tanto, podrá valorar con exactitud el acto cuya ejecución se reclama.

Lo que, posiblemente, demuestra que estas mixturas en los sistemas jurídicos (tomando al tiempo notas de la ejecución de actos administrativos por vía judicial y manteniendo la regla de la autoejecución) plantean problemas organizativos serios que hay que abordar directamente y no por el método de abrir vías de agua concretas y limitarse a taponarlas sin tener como línea guía una concepción acabada del sistema en su conjunto.

Es seguro que la Constitución contiene orientaciones más exactas que pueden extraerse en la jurisprudencia para conseguir resultados renovadores y no perjudiciales ni para el funcionamiento de la Administración ni el de la Justicia.

B) El Tribunal Constitucional intentó inmediatamente después de la Sentencia 22/84, que acabamos de referir, abrir otra vía diferente a exigir la ejecución judicial de los actos administrativos. Lo hizo, además, en la importantísima materia de las sanciones administrativas.

La Sentencia 66/84, de 6 de junio (*Cayo Fernández*) plantea el problema de la aplicación de la autotutela ejecutiva en materia de sanciones administrativas. Pese a que aquí la limitación de derechos se produce por definición, la sentencia no declara incompatible con el artículo 24 de la Constitución la ejecución forzosa de las sanciones. Ciertamente en este asunto ni aparece el problema de la compatibilidad con el artículo 117.3, ni la Sala sentenciadora entra en el examen de todo tipo de sanciones: se limita a estudiar el caso concreto relativo a sanciones en materia de viviendas de protección oficial.

Lo que aporta esta sentencia es, no obstante, del mayor interés. Afirma que el artículo 24.1 de la Constitución "impone una reinterpretación de los textos que en nuestro derecho contienen las reglas respecto de la ejecutividad". Y una de esas reinterpretaciones debe consistir en que, cuando los interesados impugnen el acuerdo ejecutorio, los tribunales tengan ocasión de pronunciarse sobre su suspensión antes de que la ejecución haya tenido lugar efectivamente. La reinterpretación afecta aquí, sobre todo, al rigor con que los tribunales han administrado sus facultades de suspensión de acuerdo con el artículo 122.2 LJCA.

No ha ido, sin embargo, el tribunal mucho más allá en este capital asunto de las medidas cautelares. En este tema del aseguramiento del objeto del litigio, los privilegios de la Administración, no coartados por medidas cautelares efectivas, hacen muchas veces inútil el acceso a los tribunales.

Resulta necesario en este punto exigir de modo más exacto que se use la propia Ley de Enjuiciamiento Civil (en particular, el artículo 1428) como derecho supletorio (condición que le atribuye la disposición adicional sexta de la LJCA), que puede evitar incluso la necesidad de adoptar reformas legislativas del estilo de las que han impuesto en Francia los Decretos de 2 de septiembre de 1988 (que, de todos modos, dada la lentitud con que la jurisprudencia se adapta a las necesidades, tampoco sobrarían entre nosotros).

C) La obligación de los ciudadanos que entran en conflicto con la Administración de seguir necesariamente, antes de acceder a los tribunales, el camino obligado de plantear, en vía administrativa previa, el asunto ante los órganos actuantes de la Administración, también ha sido valorada por el Tribunal Constitucional en varias sentencias.

En las Sentencias 21/86, de 14 de febrero y 22/86, de 14 de febrero (*tercerías contra embargos de la Seguridad Social*), se resuelven dos cuestiones de constitucionalidad en las que jueces de primera instancia se plantearon el siguiente problema: si es o no contrario a los artículos 24.1 y 117.3 de la Constitución el contenido del artículo 16.2 de la Ley 40/1980, de 5 de julio, sobre inspección y recaudación de la Seguridad Social, según el cual las demandas de tercerías, contra embargos efectuados por la Seguridad Social por descubiertos en las cotizaciones, requieren pasar por el trámite de la reclamación previa ante la Tesorería de la Seguridad Social.

El Tribunal Constitucional contesta estas cuestiones diciendo que el procedimiento del artículo 16.2 es del tipo de las llamadas vías administrativas previas. Y dice que estas no son contrarias al artículo 24.1 ni al 117.3 porque, aunque la vía previa "supone la creación de ciertas dificultades en el acceso a la jurisdicción ordinaria", no asume la Administración una competencia jurisdiccional de resolución de la tercería.

La compatibilidad con la Constitución de la vía administrativa previa se mantiene, como dice la primera de las sentencias citadas, al menos mientras los condicionamientos al acceso a la jurisdicción no resulten "de cumplimiento imposible o extremadamente dificultoso".

En razón a la flexibilidad con que debe configurarse la carga de las vías administrativas previas, el Tribunal Constitucional en su Sentencia 62/86, de 20 de mayo (*Gómez-Acebo*), ha dicho que la jurisdicción contencioso-administrativa debe permitir siempre (de acuerdo con lo previsto en los artículos 62.1 c) y 129.3 LJCA) la subsanación de los defectos procesales consistentes en no haber acreditado la formulación de los recursos administrativos previos.

En esta línea se han mantenido las sentencias ulteriores del Tribunal, hasta culminar en la Sentencia 60/89, de 16 marzo (*Vidal Obregón y otros* c. *Magistratura del Trabajo*) en la que se resume la doctrina del Tribunal en los siguientes términos:

> En principio, y con fundamento en el artículo 24.1 de la Constitución, ha de entenderse que el derecho a la tutela judicial allí reconocido pude verse conculcado por aquellas normas que impongan condiciones impeditivas u obstaculizadoras del acceso a la jurisdicción siempre que los obstáculos legales sean innecesarios y excesivos y carezcan de razonabilidad y proporcionalidad respecto de los fines que lícitamente puede perseguir el legislador (STC 158/87, de 20 de octubre, fundamento jurídico 4, y STC 206/87, de 21 de diciembre, fundamento jurídico 5) e incluso debe afirmarse que, en abstracto, también puede constituir una violación del citado derecho fundamental la imposición de requisitos o consecuencias no ya impeditivas u obstaculizadoras, sino meramente limitativas o disuasorias del ejercicio de las acciones o recursos legalmente habilitados para la defensa jurisdiccional de derechos o intereses legítimos (STC 206/87, *ibidem*).

En consecuencia, cuando se hayan impuesto obstáculos o requisitos del derecho al proceso o a la jurisdicción, su legitimidad constitucional habrá de ser examinada en esta sede atendiendo a las perspectivas de cada caso concreto, habiendo de señalarse (como manifiesta la citada STC 158/87 en línea de principio que *el obstáculo del acceso al proceso deberá obedecer a razonables finalidades de protección de bienes o intereses constitucionalmente protegidos y que deberá guardar una notoria proporcionalidad con la carga de diligencia exigible a los justiciables.*

La jurisprudencia constitucional ha terminado por flexibilizar enormemente la exigencia de las vías administrativas previas. Para ser completada le queda poco más que decir: por ejemplo, que las reclamaciones y recursos previos no son precisos cuando es posible conocer que la respuesta de la Administración, en razón de los antecedentes disponibles, va a ser negativa. Exigir su cumplimiento en este caso es también obstaculizar de manera irrazonable el acceso al proceso.

Realmente, desde el punto de vista de la protección de los derechos reconocidos en el artículo 24 de la Constitución, que es la perspectiva que ha tomado preferentemente en cuenta el Tribunal Constitucional, es difícil avanzar más en la depuración de la exigencia de vías administrativas previas. Como puede notarse, por la vía del artículo 24 se han recuperado posiciones para el Poder Judicial frente a las vías administrativas previas. Estas no pueden ser condicionantes, ni obstaculizadoras, ni fijar los términos del debate procesal, ni situar la Administración en una posición preeminente. El derecho a la tutela judicial efectiva expresa aquí, al tiempo que exigencias propias del derecho al proceso debido, la necesidad de que se desarrolle sin condicionamientos por los juzgados y tribunales competentes. Es decir, impone la eliminación de todas las interferencias administrativas en los dominios de la reserva de jurisdicción en la medida en que tocan el núcleo de esta.

D) La Sentencia del Tribunal Constitucional 6/86, de 21 de enero (*resolución MUNPAL*) ha cerrado otra forma de obstaculización del acceso a la vía jurisdiccional por parte de la Administración: la vía del silencio negativo. La Administración no puede sacar beneficios de ningún género de su inactividad o de su silencio. El silencio negativo es una "ficción legal" que abre a los interesados la vía jurisdiccional tan pronto como se cumplen los requisitos legales para que el silencio se entienda producido. Y el acceso al proceso queda (a menos que se produzca una resolución expresa), abierto desde ese momento, sin límites temporales.

E) Es de destacar finalmente el importante bloque de sentencias del Tribunal Constitucional que han abordado el problema de la ejecución de sentencias contencioso-administrativas.

La cuestión central abordada en esta jurisprudencia es la de la compatibilidad del principio general enunciado en el artículo 103 LJCA ("la ejecución de las sentencias corresponderá al órgano que hubiere dictado el acto o la disposición objeto del recurso") y de los preceptos complementarios de la misma ley, con la regla constitucional que atribuye a los jueces y tribunales la función de juzgar y hacer ejecutar lo juzgado (art. 117.3 CE).

Tal vez no haya una interferencia más clara de la Administración en el ámbito de la función jurisdiccional tal y como ha quedado constitucionalmente definida.

El elemento dominante de los análisis, que viene haciendo en su jurisprudencia el Tribunal Constitucional, es el de si la ejecución de sentencias contencioso-administrativas, de acuerdo con las reglas de los artículos 103 y siguientes de la Constitución, vulnera el derecho a la tutela judicial efectiva del artículo 24.1 CE. De nuevo aquí es el artículo 24 el foco principal del debate, por la razón ya explicada de que es el único que permite plantear por la vía de amparo ante el Tribunal Constitucional estos problemas de los procesos contenciosos.

Este modo de reflexionar del tribunal puede ilustrarse con la simple reproducción del argumento central de una Sentencia (la 125/87 de 15 de julio) que resume la jurisprudencia anterior:

> Debe recordarse ante todo que el derecho a la ejecución de las sentencias judiciales en sus propios términos ha sido reconocido en numerosas ocasiones por este Tribunal como formando parte del contenido del artículo 24.1 de la Constitución (SSTC 32/1982,

de 7 de junio; 61/1984, de 16 de mayo; 67/1984, de 7 de junio; 109/84, de 26 de noviembre; 65/1985, de 23 de mayo; 106/1985, de 7 de octubre; 155/1985, de 12 de noviembre; 176/1985, de 17 de diciembre; 15/1986, de 31 de enero; 33 y 34/1986, de 21 de febrero; 118/1986, de 20 de octubre; 33, 1987, de 12 de marzo, etc.). Se satisface aquel derecho cuando los jueces y tribunales a quienes corresponde hacer ejecutar lo juzgado (artículo 117.3 de la Constitución) según las normas de competencia y procedimiento aplicables, y con independencia de que la resolución a ejecutar haya de ser cumplida por un ente público, adoptan las medidas oportunas para el estricto cumplimiento del fallo, sin alterar el contenido y el sentido del mismo.

En principio corresponde al órgano judicial competente, en su caso, a petición de los interesados cuando proceda según las leyes, deducir las exigencias que impone la ejecución de la sentencia en sus propios términos, interpretando, en caso de duda, cuáles sean estos, y actuar en consecuencia, sin que sea función del Tribunal Constitucional sustituir a la autoridad judicial en este cometido. Ello no obstante, si un juez o tribunal se aparta, sin causa justificada, de lo previsto en el fallo que debe ejecutarse o se abstiene de adoptar las medidas necesarias para su ejecución, cuando le sea legalmente exigible, estaría vulnerando el artículo 24.1 de la Constitución, en el ámbito del recurso de amparo, el reconocimiento y restablecimiento del derecho constitucional infringido.

Con esta perspectiva de análisis, lo que el Tribunal Constitucional hace sistemáticamente cuando se le plantean problemas de ejecución de sentencias es examinar si el Tribunal sentenciador ha tomado o no todas las medias que podía adoptar para que se hiciera efectivo el "derecho a la ejecución de sentencia" que, como derivación del artículo 24.1, corresponde al interesado.

De esta actitud hay muchas manifestaciones. Algunas de ellas muy relevantes por la innovación que supone en relación con la situación anterior. Algunos ejemplos bastarán como muestra.

La Sentencia 61/84, de 16 de mayo (*Marqués Delgado y otros c. M. de Cultura*), declara que cuando la Administración es vencida en un litigio y la condena es de contenido pecuniario,

el pago no puede hacerse sin dar cumplimiento a los requisitos
exigidos por las normas legales que regulan las finanzas públicas,
entre las que debe destacarse el artículo 44 de la Ley General
Presupuestaria (Ley 11/1977, de 4 de enero) que modula el cumplimiento de las resoluciones judiciales que determinen gasto a
cargo del Estado o de los organismos autónomos, pero que lo hace
con la finalidad, constitucionalmente plausible, de ordenar el gasto
público y proveer los fondos necesarios para hacer frente a él.

La obligación de los tribunales sentenciadores, para proteger
el derecho a la tutela judicial efectiva, se resume en estos casos
en adoptar las medidas precisas para que los organismos administrativos responsables del cumplimiento del fallo incorporen a
los presupuestos las previsiones correspondientes para el pago de
las cantidades en que consiste la condena. No está, sin embargo,
a disposición de los mismos sustituir a la Administración, embar-
gando bienes en cantidad suficiente, o previendo la incorporación
automática a los presupuestos de todas las sentencias de condena.

Las Sentencias 58/83, de 29 de junio; 109/84, de 26 de noviembre y 67/84, de 7 de junio, entre otras, contemplan el problema de
la ejecución sustitutiva del contenido de las sentencias. Es decir,
en la normalidad de los casos, se trata de supuestos en que la ejecución de lo acordado por el tribunal se sustituye por una indemnización.

La valoración general de estas situaciones es al que hizo la Sentencia 58/83, de 29 de junio, citada en primer lugar:

El artículo 24 de la Constitución y la consagración constitucional
del derecho a la tutela jurisdiccional efectiva no alcanzan a cubrir las diferentes modalidades que pueden revestir la ejecución
de una sentencia, pues supuesto que la norma constitucional se
cumple si la sentencia es efectiva y el derecho del ciudadano recibe satisfacción, hay que concluir que tan constitucional es una
ejecución en la que se cumple el principio de la identidad total
entre lo ejecutado y lo establecido en el fallo como una ejecución
en la que, por razones atendibles, la condena es sustituida por su
equivalente pecuniario o por otro tipo de prestación. Desde este
punto de vista resulta claro que en la Ley de Enjuiciamiento Civil

las condenas de hacer y no hacer —y en algunos casos las condenas de dar cosas específicas— según los artículos 919 y siguientes, pueden transformarse, en el trámite de ejecución de sentencia, en prestaciones de cantidades pecuniarias, sin que pueda decirse que de esta manera se viole la Constitución.

La legitimidad constitucional de las sustituciones pecuniarias de la condena, que en verdad parecen difíciles de discutir cuando interviene en ellas directamente el juez o tribunal que dictó el fallo y se actúa por el incidente de ejecución de sentencia, se ha hecho extensiva también a algunas condenas contra la Administración. En particular, las Sentencias 67/84 y 109/84, antes citadas, han considerado admisible la aplicación del artículo 228 de la primera versión de la Ley del Suelo de 12 de mayo de 1956 que permitía la sustitución de las condenas a no continuar o a destruir una obra por una indemnización. Acepta el Tribunal esta sustitución siempre que el órgano judicial que hubiera dictado la sentencia sea el que, en ejecución de la misma, acuerde el cambio.

Hay una innovación en el modo de reflexionar del tribunal en este bloque de sentencias, particularmente ilustrada en la 67/1984, de 7 de junio, que merece la pena subrayarse.

La consideración de que la ejecución de sentencias es un derecho de los interesados, incardinado en el artículo 24 de la Constitución, había llevado al tribunal a un círculo vicioso sin salida. Argumenta, en efecto, que el derecho a la tutela judicial efectiva impone al tribunal que dictó la sentencia la adopción de las medidas necesarias para que se ejecute en sus propios términos. Y si no lo hace habrá vulnerado el derecho a la tutela judicial efectiva que proclama el artículo 24 por lo que el afectado podrá acudir en amparo ante el Tribunal Constitucional. Este ordenará al tribunal sentenciador que adopte las medidas precisas, pero no lo sustituirá en esa tarea.

Los mecanismos que es preciso activar para hacer efectiva una garantía constitucional pueden resultar demasiados y excesivamente lentos.

Puede tomarse para abordar la cuestión otro punto de referencia: la obligación del juez o tribunal sentenciador no consiste en satisfacer el derecho a la ejecución de sentencia solamente. El juez o tribunal tiene la función de ejecutarla, que es una perspectiva distinta. Esta es la visión que se abre si se contempla el problema desde el artículo 117.3 (es a los jueces y tribunales a quienes corresponde en exclusiva ejecutar lo juzgado) y no desde el artículo 24.1 (existe un derecho constitucional a la ejecución de sentencia; no importa quién la ejecute; los jueces y tribunales agotan su función en comprobar que la sentencia se ha ejecutado por quien corresponde, y si no, insistir sobre ello).

La perspectiva del artículo 117.3 permite tomar a los tribunales la iniciativa de la ejecución *por sí mismos*, arrancando esta responsabilidad de manos de la Administración. El cambio en el análisis es crucial porque permite al tribunal hacer efectivas condenas pecuniarias con cargo a la Administración, o tomar la iniciativa de ejecutar la sentencia ordenando que la ejecute persona distinta de la propia Administración condenada, aunque por cuenta de esta.

De manera que, insistimos, el derecho reconocido en el artículo 24.1 es una garantía de que las sentencias han de ejecutarse en sus propios términos. Pero para ello es necesario que el tribunal atraiga hacia sí poderes que le corresponden y que no tiene por qué compartir con la Administración. *La compatibilidad de las funciones del juez o tribunal ex artículo 117.3 de la Constitución con la potestad de la Administración de ejecutar por sí las sentencias que la condenan puede mantenerse mientras esta cumpla inmediatamente el fallo. En otro caso, el tribunal sentenciador, en virtud de la regla del artículo 117.3, debe recuperar íntegramente su función situando fuera de ella a la Administración condenada.*

La perspectiva de análisis que ofrece la reserva de jurisdicción no es, como se comprueba, indiferente para reajustar las relaciones entre la Administración y la Justicia.

En todo ello parece convenir el Tribunal Constitucional en su importante Sentencia 67/84, de 7 de junio, ya citada, cuando, invocando el artículo 117.3 de la Constitución, afirma que cuando la Administración no ejecuta la sentencia, el juez o tribunal no cumple con sus obligaciones si se limita a intimarla para que ejerza sus competencias de ejecución. Por el contrario, "el juez puede aplicar las medidas previstas en la Ley de Enjuiciamiento Civil, de aplicación supletoria, entre las cuales puede ordenar que se haga lo mandado a costa del obligado (artículo 924 de la Ley de Enjuiciamiento Civil), y requerir a tal efecto la colaboración que estime oportuna de otros entes públicos o personas privadas".

Merece la pena que consideremos una última aportación jurisprudencial ejemplar antes de cerrar este análisis del problema de la ejecución de sentencias. Se trata de la línea que abre la Sentencia 167/87, de 28 de octubre (*Moreno Sandoval*), que aborda y resuelve bien el importante problema de la inejecución por la Administración de sentencias contencioso-administrativas usando procedimientos indirectos.

La Administración ha usado desde siempre fórmulas, que están bien estudiadas entre nosotros, para evitar la ejecución de los fallos condenatorios que los tribunales dictan contra la misma. Entre los que la propia Sentencia 167/87 enuncia, están "la modificación de los términos de la ejecutoria, la reproducción total o parcial del acto anulado o la emisión de otros actos de contenido incompatible con la plena eficacia del fallo".

Cualesquiera de ellos son manifestaciones de una interferencia clara de la Administración en la actividad de la Justicia. La Administración disputa a la jurisdicción abiertamente en estos casos que esta pueda cumplir con su función de juzgar y hacer ejecutar lo juzgado. Esta responsabilidad queda usurpada y desviada por la fuerza declarativa de la decisión ejecutoria que la Administración dicta un nuevo acto, de contenido parecido, o de contenido diferente pero que hacer perder sentido a la declaración judicial, y que se sitúa en el mismo plano pues pretende tener la misma fuerza declarativa de derechos, o ejecutiva si hace al caso, que la propia sentencia.

En la configuración tradicional del contencioso-administrativo, los particulares a quienes afectaran estas formas indirectas de incumplir las sentencias consistente en hacerles perder sus consecuencias o en reproducir de alguna forma los actos anulados, tenían que seguir un nuevo proceso contra la nueva resolución administrativa. La cadena de recursos frente a una Administración recalcitrante podía ser, de esta manera, interminable.

Frente a la decisión jurisdiccional del juez se imponía de esta manera la decisión parajurisdiccional de la Administración, que, atribuyéndose funciones de juzgador, hacía inviable el ejercicio del poder judicial por sus titulares.

La Sentencia 167/87 ha cortado estas situaciones de forma tajante y ejemplar. Su razonamiento puede resumirse de la siguiente forma:

• La ejecución de sentencias es una potestad cuya titularidad pertenece a los órganos judiciales "como una manifestación típica de la potestad jurisdiccional" (artículo 117.3 CE).

• En el orden contencioso-administrativo, los tribunales deben adoptar todas las medidas precisas para que la Administración colabore en el cumplimiento inmediato de las sentencias.

• Pero la tarea de los tribunales no se agota en la remoción de los obstáculos que pueda oponer la Administración inicialmente. Por el contrario, exige que los órganos judiciales reaccionen frente a ulteriores actuaciones o comportamientos enervantes del contenido material de sus decisiones.

• Cuando la Administración dicta un nuevo acto que deja sin efecto o sin posibilidad de ser cumplido lo fallado por el tribunal (en el caso de la sentencia, la supresión de la oficina en la que, según acordó el tribunal, debería ocupar plaza el interesado), no es necesario abrir un nuevo proceso contencioso sobre el nuevo acto.

• Estas cuestiones nuevas que inciden en lo fallado en el proceso pueda plantearse al tribunal sentenciador en el incidente de ejecución de sentencias y requerirle en el mismo para que las anule.

• No puede oponerse a esta liquidación de obstáculos indirectos en la vía de ejecución de sentencias, que esta sea una forma de plantear cuestiones nuevas, no debatidas en el proceso. Es la propia Administración, al suscitarlas con posterioridad al fallo, la que impidió el debate procesal sobre las mismas. Además, el debate contradictorio siempre es posible llevarlo a término en el marco del propio incidente de ejecución de sentencias.

EPÍLOGO

A lo largo de este estudio se han puesto de relieve situaciones y problemas que revelan de forma inequívoca que existe un reducto o ámbito, constitucionalmente protegido, en el que solo las intervenciones y decisiones de la Justicia, y no de los demás poderes del Estado, resultan legítimas.

Este núcleo indispensable, establecido en favor de la Jurisdicción, se protege con la técnica de la reserva constitucional: determinadas decisiones, por razón de la materia o por la forma que deben revestir, corresponden solo a los jueces y magistrados. De la existencia de este principio no cabe dudar. Resulta abrumadoramente justificado en muchos preceptos constitucionales.

Antes que nada, como hemos insistido en decir, es una exigencia del principio de separación de poderes, que, aunque no esté recogido de forma expresa en la Constitución, puede considerarse ínsito en un sistema (como, por demás, ha reconocido la jurisprudencia constitucional reprobando el ejercicio de potestades "en contra del principio de la separación de poderes": STC 192/81, de 8 de abril; 5 de agosto de 1983; 116/86, de 19 de diciembre, etc.). El reparto de tareas o funciones entre los poderes aparece, por otra parte, declarado en muchos preceptos constitucionales: "las Cortes ejercen la potestad legislativa del Estado, aprueban sus presupuestos, controlan la acción del gobierno y tienen las demás competencias que les atribuye la Constitución" (artículo 66.2). El gobierno "ejerce la función ejecutiva y la potestad reglamentaria, de acuerdo con la Constitución y las leyes" (artículo 97); la Administración, que se ordena jerárquicamente a partir del gobierno, actúa "con sometimiento pleno a la ley y al derecho" (artículo 103.1). La Justicia se ejerce por jueces y magistrados "independientes, inamovibles, responsables y sometidos únicamente al imperio de la ley" (artículo 117.1). Corresponde el ejercicio de la potestad jurisdiccional "exclusivamente" a los juzgados y tribunales (artículo 117.3). Es visible que cada uno de estos preceptos acota para cada poder un núcleo típico de funciones.

Aunque referida a la organización política de las comunidades autónomas, en la misma fórmula de división insiste el artículo 152 de la Constitución.

Esta separación, como dijo el Tribunal Constitucional en su Sentencia 166/86 (*Rumasa* II) "debe ser normalmente respetada a fin de evitar el desequilibrio institucional que conlleva la intromisión de uno de esos poderes en la función propia del otro". Una ruptura del equilibrio que proporciona la separación, afecta a principios esenciales sobre los que se asienta el orden constitucional entero y, por tanto, debe ser inmediatamente eliminada.

La definición de un reducto propio de la función jurisdiccional, indisponible para los demás poderes, también resulta de la aplicación de otras muchas reglas constitucionales que parten de comprenderlo, que cuentan con su existencia: la tutela de los derechos de las personas se confía, en el artículo 24.1 de la Constitución, a la Justicia. A ella le está atribuido el monopolio de la imposición de penas (artículo 25), la protección especial de los derechos y libertades fundamentales (artículo 53.2), el control de la potestad reglamentaria y de la legalidad de la actuación administrativa (artículo 106.1), el control de la constitucionalidad de las leyes (artículo 161).

Los contornos de la reserva de jurisdicción no aparecen siempre enteramente definidos en la Constitución ni resultan tampoco todas las veces exactamente encontrables en la práctica de funcionamiento de los poderes públicos. El problema, sin embargo, no es inusual. Acontece también las demás veces que la Constitución emplea la técnica de la reserva. Bastará aquí la apelación a los problemas que en nuestro propio Derecho ha suscitado el deslinde entre el campo propio de la ley orgánica y el de la ley ordinaria, o el debate, que es universal, sobre la configuración y límites de la reserva de ley. Tampoco la técnica de la reserva de ley es uniforme y remite, siempre que se utiliza, a un modelo o patrón universal, cuyas características serían endosables a todos los supuestos concretos de reserva de ley que la Constitución establece. Por el contrario, el carácter y peculiaridades de las reservas generales de ley hay que volverlas a medir cuando se aplican a materias concretas: entonces aparece la necesidad de hacer distingos sobre la profundidad y extensión de la reserva (su carácter absoluto o no), y su pandeo (las flexiones que soporta sin rendirse o fragmentarse).

Con la misma metodología hay que abordar la delimitación de la reserva de jurisdicción y los análisis de su contenido necesario. Es cierto que, en este caso, a las dificultades interpretativas generales que resultan de la técnica de la reserva, se añaden los problemas de definición del contenido material de la función jurisdiccional. A veces, este contenido se especifica tanto en la Constitución que no es difícil identificar atentados cometidos contra la misma: por ejemplo, es necesaria una resolución judicial para entrar en el domicilio de un ciudadano (artículo 18.2 CE), de manera que hacerlo sin mediar aquella resolución, es una invasión de los ámbitos propios de la reserva. Pero es más común que la "exclusividad" de la función de juzgar y hacer lo juzgado se haga usando conceptos más genéricos.

En todo caso, aun estos criterios más generales son concretizables para discernir cuándo el legislador o la Administración vulneran la reserva de jurisdicción. El método de analizar materias o supuestos concretos es, sin embargo, insustituible en este punto. Si se sigue, como hemos hecho a lo largo de este estudio, se podrá observar cómo opera la reserva constitucional de jurisdicción limitando las invasiones de otros poderes.

En la relación legislación-jurisdicción, podemos particularizar algunos casos, derivados de análisis ya establecidos en este estudio; por ejemplo: a) la generalidad de la ley no es un simple desiderátum, sino un principio que trata de preservar la distinción entre las reglas del Derecho y su aplicación concreta, tarea esta última en la que es decisiva la aportación de la Jurisdicción. b) Las leyes de caso concreto, si no respetan las garantías que se han examinado ya en este estudio, pueden ocupar un lugar constitucional que pertenece a los órganos del Poder Judicial. c) La independencia de los jueces y la exclusividad de su función se pierden cuando la ley contiene instrucciones y mandatos dirigidos directamente a los jueces. d) Hay leyes de convalidación e interpretación que invaden los dominios de la jurisdicción y hacen que los jueces y magistrados pierdan toda su independencia en el ejercicio de la función que le corresponde, etcétera.

La demostración de todos los anteriores asertos y de otros complementarios ya la hemos hecho. Se levanta con ellos un conjunto de criterios que deben servir para definir las invasiones de la reserva de jurisdicción. Las lesiones al principio de reserva se producen tanto por usurpación de la función (categoría a la que corresponden todos los supuestos que acaban de mencionarse) como por reducción o limitación del papel propio de la Justicia. En este último supuesto hay que encuadrar toda la jurisprudencia constitucional que ha reprobado actuaciones del legislador referidas a excluir asuntos del conocimiento de los tribunales (STC 39/83, de 16 de mayo; 80/83, de 10 de octubre; 1/81, de 26 de enero, etc.), o que ponen obstáculos en el acceso a la Justicia y en el enjuiciamiento pleno de los asuntos (STC 101/84, de 8 de noviembre; 85/88, de 6 de mayo; 145/88, de 12 de junio; 164/88, de 26 de septiembre, etc.).

En lo que concierne a las relaciones de la Administración con la Justicia, es mucho más fácil identificar supuestos de ejercicio por la Administración de funciones materialmente jurisdiccionales. Ya han quedado expuestos muchos ejemplos hallados en la práctica jurisprudencial. Por lo demás esta invasión ordinaria de los terrenos de la reserva de jurisdicción es más fácil en este caso porque, como ya se ha recordado, las peculiaridades del control de la Administración hicieron nacer un sistema contencioso-administrativo peculiar en el que la separación de la Administración y la Justicia no se formuló de forma absoluta.

El principio de reserva de jurisdicción, a cuyos contornos constitucionales se ha aproximado esta investigación, incorpora elementos de análisis decisivos para el enjuiciamiento de la constitucionalidad que, sin embargo, no se usan ordinariamente por la jurisprudencia. A veces las leyes saltan de su terreno propio al ámbito reservado a la jurisdicción y esto es suficiente para que pueda levantarse contra ellas una tacha de inconstitucionalidad apoyable en principios constitucionales y preceptos específicos, sin que sea necesario dar el largo rodeo, que normalmente emprenden nuestros tribunales, a la búsqueda de la vulneración de un mandato constitucional distinto.

El mismo papel decisivo tiene la regla de la reserva de jurisdicción en el entendimiento de las relaciones entre la Administración y la Justicia. Resulta evidentemente del análisis efectuado, que el contencioso-administrativo no se organizó históricamente ni se ha desarrollado teniendo en cuenta el principio de reserva de jurisdicción, sino, por el contrario, permitiendo reducciones en su amplitud e invasiones en su ámbito. La regla de la reserva aporta exigencias sustancialmente nuevas. Ni siquiera basta ya con que el sistema sea suficiente o que los derechos queden suficientemente protegidos. Es preciso que los jueces y tribunales recobren plenamente su papel constitucional y desalojen a la Administración de posiciones singulares o privilegiadas que se apoyan o significan un ejercicio coparticipado de la función jurisdiccional.

Las demostraciones de todo ello también han sido establecidas en este estudio.

Lo que queda por añadir es que el principio de reserva de jurisdicción, cuyas consecuencias están inesquivablemente llamadas a desarrollarse, exige reajustes en el entendimiento de las relaciones del legislador, la Administración y la Justicia que, en ocasiones, como ya se habrá observado, deberán ser de enorme calado.

Estos requerimientos deben, desde luego, ser atendidos. Pero sería conveniente que se midieran exactamente sus consecuencias. La separación de la Justicia de la influencia del legislador no puede ser ocasión, por ejemplo, para invertir el orden de las usurpaciones y pretenden someter a control jurisdiccional decisiones que deben quedar al margen del enjuiciamiento de los tribunales. Es el caso prototípico de la actividad política interior del Parlamento, los debates y votaciones en las Cámaras cuando con ellos no se vulnera ningún derecho fundamental (sobre este problema han tenido ocasión de pronunciarse ya tanto el Tribunal Supremo —Auto de 18 de febrero de 1987 y Sentencia de 9 de junio de 1987— como el Tribunal Constitucional —Auto 12/86, de 15 de enero—).

Los ajustes del sistema contencioso-administrativo recibido a las reglas constitucionales que se han tratado de explicitar en este ensayo, también deben producirse necesariamente, pero sin olvidar otros criterios constitucionales que exigen eficacia inmediata en el ejercicio de la función de juzgar y de hacer ejecutar lo juzgado. En este sentido, la judicialización plena de la tutela de los derechos y del control de las Administraciones Públicas, deben complementarse con fórmulas que permitan evitar el problema de la proliferación de contenciosos que atestan las Salas de Justicia, paralizando sus órganos.

Es imposible, en el Estado de fin de siglo, pensar en una Justicia eficiente, que cumpla los mandatos que tiene constitucionalmente confiados, si no se buscan, en el sentido que se ha indicado en este estudio, mecanismos y fórmulas de composición previos que impidan la formalización de procesos de forma masiva.

Junto con la reserva de jurisdicción, también son estos, según me parece, retos indeclinables que la Constitución ha impuesto.

NOTA BIBLIOGRÁFICA

Capítulo I

La obra de D. Simon es *La independencia del juez*, Edic. Ariel, Madrid, 1985, en la que puede, además, encontrarse una completa referencia a la bibliografía alemana sobre la independencia de los jueces. En España los trabajos específicos sobre esta materia tal vez no sean demasiado abundantes, aunque existen monografías como la de L. Martínez Calcerrada, *La independencia del poder judicial*, Madrid, 1970, o la exposición de J. Castán Tobeñas, *Poder judicial e independencia judicial* (discurso de apertura de los tribunales), Madrid, 1951; A. Aguilar, *Independencia del poder judicial*, Madrid, 1891; S. Álvarez Gendín, *La independencia del poder judicial*, I.E.P., Madrid, 1966; A. Fuentes Pérez, *El principio de independencia judicial*, Rev. de D. Judicial, núm. 40, diciembre, 1969, etc. Después de la aprobación de la Constitución de 1978, y al margen de las aportaciones en obras generales, como las muy interesantes de I. de Otto, en sus *Lecciones sobre el poder judicial* (cuyo texto mecanografiado he podido consultar), el estudio monográfico más destacable es el de J. L. Requejo Pages, *La fuerza de cosa juzgada y el principio de independencia como categorías lógico-jurídicas (su reducción en los ordenamientos positivos al ámbito de la jurisdicción y su ejercicio)*. Tesis doctoral. Universidad de Oviedo, 1988. Son muchos los estudios publicados en libros colectivos que, con mayor o menor extensión, abordan el problema de la independencia de los jueces. Entre ellos J. Montero Aroca, *La unidad jurisdiccional. Su consideración como garantía de la independencia judicial*, en el libro homenaje a Jaime Guasp, Granada, 1984, págs. 427 y ss.; L. Mosquera, *La posición del poder judicial en la Constitución española de 1978*, en *La Constitución española de 1978*, dirigida por A. Predieri y E. García de Enterría, Madrid, 1981; C. Rodríguez Aguilera, *El poder judicial en la Constitución*, Barcelona, 1980; E. Ruiz Vadillo, *El poder judicial* (comentario al art. 117 de la CE) en los *Comentarios a las leyes políticas*, dirigidos por O. Alzaga, vol. ix, Madrid, 1987. El comentario al artículo 117 de J. M. Serrano Alberca, en los *Comentarios a la Constitución*, dirigidos por F. Garrido Falla, 2ª ed., Madrid, 1985. Y muchos de los estudios incluidos en la obra *El poder judicial*, tres vols., Madrid, 1983.

Una valoración organizativa concreta de la independencia en J. J. González Rivas, *La independencia judicial. Especial consideración del artículo 122 de la Constitución española de 1978*, incluido en el vol. II del libro colectivo que acaba de citarse. En los libros generales de Derecho procesal suelen incluirse referencias, más o menos detenidas, sobre esta materia. Cfr., por ejemplo, J. V. Gimeno Sendra, *Fundamentos de Derecho procesal*, Edit. Civitas, Madrid, 1981, en especial, págs. 43 y ss.; J. Montero Aroca y M. Ortells Ramos, *Derecho jurisdiccional*, I, Parte General, Edit. Bosch, Barcelona, 1987, págs. 119 y ss., y entre las monografías más recientes, la de P. Andrés Ibañez y C. Movilla Alvarez, *El poder judicial*, Edit. Tecnos, Madrid, 1986, págs. 107 y ss. Para las referencias a la significación del concepto en la Ley Fundamental de Bonn, que se manejan luego, puede seguirse el estudio de K. A. Bettermann, *Die Rechtprechende Gewalt* en el libro dirigido por J. Isensee y P. Kirchof, *Handbuch des Staatsrechts*, C. F. Müller Juristicher Verlag, vol. III, Heidelberg, 1988, págs. 775 y ss.; el comentario de W. Meyer al artículo 97 de la Ley Fundamental de Bonn, en el vol. III del *Grundgesetz Kommentar* dirigido por I. von Munch, C. H. Beck Verlag, München, 1978, págs. 515 y ss.; y el comentario de Herzog al citado artículo 97 en Maunz-Durig, *Grundgesetz Kommentar*, vol. IV, C. H. Beck, München, 1989; en cualquiera de estos textos, y principalmente en el últimamente citado, podrá encontrarse una relación bastante completa de la bibliografía disponible en lengua alemana. Sin perjuicio de las referencias más detenidas que se hacen más adelante al tratamiento de estas cuestiones en la bibliografía anglosajona, el realista y agudo libro de J. A. C. Griffith, *The Politics of the Judiciary*, 3ª ed., Fontana, London, 1985, servirá estupendamente para abrir camino.

Para análisis comparatistas de más amplio espectro, son de utilidad los boletines que viene editando el *Centre for the Independence of Judges and Lawyers*, que reúne documentos sobre la situación de la independencia de los jueces y abogados en diferentes países del mundo. El último Boletín es un número especial que recoge la *ICJ Conference on the Independence of Judges and Lawyers*, Caracas, enero 1989, edición de abril 1989.

Los textos de Montesquieu que aparecen transcritos se citan siempre por la edición de sus *Oeuvres Complètes*, Éd. du Seuil, Paris, 1964. Las citas de *El Federalista*, se hacen por la edición del Fondo de Cultura Económica, México, 1957.

Para la exposición histórica sobre las ideas de la relación entre la legislación, la ejecución y la justicia, puede verse especialmente, para nuestras explicaciones, A. Nieto, en sus *Estudios históricos sobre administración y derecho administrativo*, Madrid, 1986. Para la época de transición entre el Antiguo y el Nuevo Régimen, véanse, por todas, las visiones de A. Gallego, *Administración y jueces: gubernativo y contencioso*, Madrid, 1971 y J. A. Santamaría Pastor, *Sobre la génesis del derecho administrativo español en el siglo XIX (1812-1845)*. Me remito, sin embargo, sobre todo ello, a la bibliografía que se cita más adelante.

La bibliografía francesa sobre la formulación y las consecuencias del principio de separación de poderes, a cuya significación para el tema que nos ocupa se alude en el texto, puede verse, por todos, L. Duguit, *La séparation des pouvoirs et l'Assemblée nationale de 1789*, R. E. P., 1893; R. Dareste, *Etudes sur les origines du contentieux administratif en France*, en *Revue historique de droit français et étranger*, 1855, págs. 24 y ss.; Esmein, *La question de la juridiction administrative devant l'Assemblée constituante*, en *Jahrburch des öffentlichen Rechts*, V, 1911; P. Sandevoir, *Etudes sur le recours de pleine juridiction*, Paris, 1964; J. Chevalier, *L'élaboration historique du príncipe de séparation de la juridiction adminstrative et l'administration active*, Paris, 1970. Entre nosotros E. García de Enterria, *Revolución francesa y administración contemporánea*, Madrid, 1972.

Las citas concretas de L. Aucoc son de sus *Conférences sur l'Administration et le Droit Administratif faites a l'Ecole imperiales des Ponts et Chaussées*, Paris, 1869, y de J. Barthelemy de su *Traité élémentaire de droit administratif*, 2ème éd., Paris, 1902.

Sobre el pensamiento e influencia de Montesquieu, en el sentido que se expone en el texto, cfr. Ch. Eisenmann, *L'esprit des lois et la séparation des pouvoirs*, Mélanges Carré de Malberg, 1933, pág. 190; y del mismo autor, *La pensée constitutionnelle de Montesquieu*, en el Recueil Sirey du bicentenaire de *L'esprit des lois*, Paris, 1952; es ilustrativa la lectura de L. Althusser, *Montesquieu, la politique et l'histoire*, Paris, 1959 (hay traducción española), y, más recientemente,

M. Troper, *La séparation des pouvoirs et l'histoire constitutionnelle française*, Paris, 1980.

Para las precisiones históricas sobre la inamovilidad de los jueces, la cita concreta de la Constitución de Franckfurt y su influencia se toma del libro de D. Simon, *La independencia del juez*, cit. La evolución de la regla de la inamovilidad en Francia fue objeto de análisis en dos estudios clásicos: el de M. Dejean, *Etudes historiques et juridiques sur l'inamovibilité de la magistrature*, Thèse, Bordeaux, 1898 y A. Alasseur, *L'inamovibilité des juges et les Constitutions françaises*, Thèse, Paris, 1903; para el análisis de la situación constitucional actual, por todos, M. Mangin, *De l'autorité judiciaire en la Constitución de la République française*, Éd. Economica, Paris, 1979 y T. Renoux, *Le Conseil Constitutionnel et l'autorité judiciaire (l'élaboration d'un droit constitutionnel juridictionnel)*, Paris, 1984.

Sobre la inamovilidad en España, entre la literatura del siglo xix es particularmente expresiva la obra de Ortiz de Zarate, *Indicaciones sobre la organización y atribuciones que deben darse a los tribunales españoles y sobre la inamovilidad y responsabilidad de los encargados de la administración de justicia*, Vitoria, 1848. Entre los estudios más recientes, V. F. Rosas Benavides, *Inamovilidad judicial*, Rev. Der. Jud., núm. 35, julio-sept. 1968; hay un apretado y expresivo resumen del alcance del problema en el estudio introductorio al citado libro de D. Simon, hecho por M. A. Aparicio Pérez; y es, en fin, muy completo, el análisis de F. Sainz Moreno, *La inamovilidad judicial*, REDA, núm. 11, 1976. Para después de la Constitución, véanse los estudios generales citados más atrás.

La exposición de lo acontecido con los jueces y magistrados durante la II República, sigue especialmente el trabajo de J. Tomás Villarroya, *Gobierno y justicia durante la Segunda República*, en *El poder judicial*, I, Madrid, 1983.

Las reflexiones sobre la posición de la justicia en el entramado técnico de la producción del Derecho, están reiteradas en toda la obra de H. Kelsen. Los aspectos que se usan en el texto están en *Staatsform als Rechtsforme*, en *Die Wiener rechtstheoretische Schule*, Wien, 1968; y especialmente, su *Allgemeine Staatslehre*, Berlín, 1985; para la traducción castellana de L. Legaz Lacambra, publicada en la Editora Nacional de México, 1979 (*Teoría general del Estado*). También, entre los textos de Kelsen traducidos al castellano, *¿Qué es justicia?*,

Barcelona, 1982. El resto de las obras de los autores que se citan en el texto para ilustrar la concepción de la independencia de los jueces como dependencia exclusiva de la ley, vid. G. JELLINEK, *Teoría General del Estado* (la reimpresión alemana de esta *Allgemeine Staatslehre*, Berlín, 1966), la traducción de F. DE LOS RÍOS está editada por Albatros, Buenos Aires, 1973; C. SCHMITT, *Teoría de la Constitución*, trad. de F. Ayala, Alanza Editorial, Madrid, 1982; la reimpresión de esta *Verfassungslehre* está hecha en Berlín, 1970, por Dunker § Humblot; la participación de P. LABAND está en su *Das Staatsrecht des Deutschen Reiches*, 5ª ed., 1911-1914. La edición francesa de la obra de P. LABAND, es *Le droit public de l'Empire allemand*, trad. Gaudibon, Paris, 1900. La obra de L. DUGUIT a que se alude es su *Traité de Droit Constitutionnel*, especialmente, t. II, 3ème éd., Paris, 1927; y, en fin, la de R. CARRÉ DE MALBERG, es su *Contribution à la Théorie génerale de l'Etat*, I, París, 1920.

Las posiciones del Consejo General del Poder Judicial en relación con la LOPJ pueden comprenderse perfectamente con la lectura de las sentencias que se citan en este estudio. No obstante, los textos completos que recogen los puntos de vista del CGPJ fueron publicados en el *Boletín de Información* del Consejo General del Poder Judicial, mayo de 1985.

Las alusiones a I. DE OTTO son a sus *Lecciones sobre el Poder Judicial*, ya citadas, y la de J. L. REQUERO a su tesis sobre *La fuerza de cosa juzgada* que también hemos citado más atrás.

Capítulo II

La existencia de una reserva reglamentaria en favor del Consejo
General del Poder Judicial, cuestión que se debatió en la STC 45/86
que se comenta en el texto, invoca la técnica de la Constitución francesa vigente de repartir materias entre la ley y el reglamento, fórmula
en decadencia —por causa de la interpretación jurisprudencial favorable a la primacía de la ley— en la propia Francia. En general, sobre
ellos, por todos, el libro de L. Favoreu, *Le domaine de la loi et du
règlement*, Paris, 1981, y, en particular, sobre el problema aludido, de
forma explícita, el propio autor citado, en su artículo *Les règlements
autonomes n'éxistent pas*, RFDA núm. 6, 1987, donde se expone la
interpretación jurisprudencial indicada. La pretensión que se sostuvo
por el CGPJ era, no obstante, la delimitación de un ámbito propio para
los reglamentos del Consejo más parecida a la técnica de la reserva
de reglamento parlamentario a la que apunta el artículo 72.1 de la CE
(sobre este precepto y su significación, además de los comentarios
constitucionales ya citados, R. Punset, *Las Cortes Generales*, CEC,
Madrid, 1983, pág. 87). También el estudio de M. R. Ripollés Serrano, *Los reglamentos parlamentarios en el sistema de fuentes de
la Constitución española de 1978*, en el libro que recoge las Jornadas
de la D. G. del Servicio Jurídico del Estado, *Las Cortes Generales*,
vol. III, 1987. El problema de las reservas y las limitaciones constitucionales a la disponibilidad de la ley en relación con la definición del
ámbito propio de la jurisdicción y de los órganos que la ejercen, está
en conexión con la cuestión general de la reserva de ley (sobre la que
existe una bibliografía inabarcable: en Alemania, por todos, para el
desarrollo histórico del concepto R. Thoma, *Der vorbehatt des Gesetzes
im preussischen Verfassungsrecht*, en *Festgabe für* O. Mayer, págs.
107 y ss.; D. Jech, *Ley y administración. Estudio de la evolución del
principio de legalidad*, traducción española, Madrid, 1978; más recientemente W. Krebs, *Vorbehalt des Gesetzes und Grundrechte*, Berlín,
1975; W. R. Schenke, *Gesetgebung durch Verwaltungvorschriften?*

DöV, 1977, págs. 27 y ss.; E. Eberle, *Gezetzesvorbehalt und Parlamentsvorbehalt*, DöV, 1984. Entre nosotros, además del viejo trabajo de L. Martín Retortillo, *La doctrina de las materias reservadas a la ley y la reciente jurisprudencia del Tribunal Supremo*, RAP núm. 39 (1962), pueden verse, por todos, en la bibliografía posconstitucional, J. L. Carro Fernández-Valmayor y R. Gómez Ferrer Morant, *La potestad reglamentaria del gobierno en la Constitución*, RAP, 87; M. Baena del Alcázar, *Reserva de ley y potestad reglamentaria en la nueva Constitución española*, en la obra colectiva auspiciada por la Dirección General de lo Contencioso del Estado, *La Constitución española y las fuentes del Derecho*, IEF, I, Madrid, 1979; J. Bermejo, *El principio de la reserva legal en las Comunidades Autónomas*, en el mismo libro colectivo, I.; en los mismos volúmenes pueden encontrarse estudios sobre este tema de E. González García, J. M. Sala Arquer y J. L. Villar Ezcurra. También puede consultarse L. Arroyo Zapatero, *Principio de legalidad y reserva de ley en materia penal*, REDC núm. 8 (1983); E. Lamarca Pérez, *Legalidad penal y reserva de ley en la Constitución española*, REDC núm. 20 (1987); R. García Macho, *Reserva de ley y potestad reglamentaria*, Barcelona, 1988. Entre los tratados y manuales, por todos, las exposiciones de E. García de Enterría y T. R. Fernández, *Curso de derecho administrativo*, I, 4ª ed., Madrid, 1983; y J. A. Santamaría Pastor, *Fundamentos de derecho administrativo*, I, Madrid, 1988.

La exposición que se imputa a L. H. Tribe en el texto está tomada de su *American Constitutional Law*, 2ª ed., Mineola, New York, 1988; la cita concreta es de la pág. 42. Para el examen de las notas características de la jurisprudencia constitucional norteamericana en este punto, junto con la obra citada, se han empleado principalmente, para la exposición que contiene el texto, J. E. Nowak, R. O. Rotunda, J. Nelson Young, *Constitutional Law*, West Publ. St. Paul, Minnesota, 1982; S. Goldman, *Constitutional Law. Cases and Essays*, Harper & Row Publ., New York, 1987; G. Gunther, *Constitutional Law*, 11ª ed., Mineola, New York, 1985; y algunas observaciones que proceden de los libros de A. Cox, *The Court and the Constitution*, Houghton Miffin Company, Boston, 1987; y del libro del ex presidente del TS USA, W. H. Rehnquist (primer libro, por cierto, que escribe un presidente del TS en activo), *The Supreme Court*, Willian Morrow and Co., New York, 1987.

El resumen de la jurisprudencia del Tribunal Europeo se ha hecho sobre la lectura y la selección directa de los fascículos de jurisprudencia que edita el propio tribunal. Pero pueden encontrarse resúmenes ilustrativos de las líneas de interés, por todos, en E. García de Enterría y otros, *El sistema europeo de protección de los Derechos Humanos*, Ed. Civitas, Madrid, 1979; J. E. S. Fawcett, *The aplication of the European Convention on Human Rights*, Clarendon Press, Oxford, 1987, y V. Berger, *Jurisprudence de la Cour Européenne des droits de l'homme*, 2ème éd., Sirey, Paris, 1989.

El problema de la significación y alcance de la reserva de ley orgánica no se desarrolla en el texto porque es innecesario hacerlo. La cuestión está prácticamente agotada entre nosotros. Pero ilustrará del debate constitucional inicial, la lectura, por todos, de los estudios de A. Garrorena Morales, *Acerca de las Leyes Orgánicas y su espúrea naturaleza jurídica*, RDP, 13 (1988); J. A. Ortega Díaz Ambrona, *Las leyes orgánicas y el sistema de fuentes del derecho*, La Coruña, 1980; J. Santamaría, *Las leyes orgánicas: notas en torno a su naturaleza y procedimiento de elaboración*, RDP núm. 4 (1979); J. Bermejo, *Las fuentes del derecho en la Constitución española de 1978*, en el libro coordinado por M. Ramírez, *Estudios sobre la Constitución española de 1978*, Zaragoza, 1979; T. Quadra Salcedo, *La ley en la Constitución: Leyes Orgánicas*, REDA núm. 24 (1981); y T. R. Fernández, *Las leyes orgánicas y el bloque de la constitucionalidad*, Madrid, 1981. Además, naturalmente, los comentarios al artículo 81 de la Constitución en los diversos *Comentarios* a la misma que ya se han citado en esta nota.

El problema de la inviolabilidad e inmunidad de los parlamentarios se ha abordado entre nosotros, curiosamente, en los últimos tiempos, sobre todo para determinar el grado en que estas prerrogativas alcanzan a los miembros de las asambleas autonómicas. Por ejemplo, este planteamiento en R. Punset, *Sobre la extensión del ámbito personal de las prerrogativas parlamentarias a otras instituciones*, en REDC núm. 3 (1981) y, del mismo autor, *Inviolabilidad e inmunidad de los parlamentarios de las Comunidades Autónomas*, Rev. de las Cortes Generales, núm. 3 (1984); P. Lucas Murillo de la Cueva, *Las garantías de los miembros del Parlamento vasco*, REP 46-47 (1985). En términos más generales, véase el trabajo de L. Martín-Retortillo, *El amplio margen de libertad en el uso de las prerrogativas parlamen-*

tarias, REDC núm. 11 (1984); A. Pizzorusso, *Las inmunidades parlamentarias. Un enfoque comparatista*, Rev. de las Cortes Generales, núm. 2 (1984); S. Traversa, *Inmunità parlamentare*, en *Enciclopedia del Diritto*, xx, Giuffrè, Milano, 1970; Zangara, *Prerrogative Costituzionali*, Giuffrè, Milano, 1970; A. Manzella, *Il Parlamento*, Ed. Il Mulino, Bolonia, 1977, págs. 244 y ss.; F. Santaolalla, *Derecho Parlamentario español*, Ed. Nacional, Madrid, 1984; G. Zagrebelsky, *Le inmunità parlamentari*, Einaudi, Turín, 1979; entre los comentarios a la Constitución, por todos, el comentario al artículo 71 de la CE de A. Fernández Miranda (*Inviolabilidad e inmunidad parlamentaria*), en el *Comentario* dirigido por O. Alzaga, t. VI, Madrid, 1979.

El comentario de J. Barthelemy y P. Duez sobre la significación del Título iii, Cap. v, artículo 1º de la Constitución de 1791, está tomada de su *Traité de Droit Constitutionnel*, reimp., Economica, 1985, en particular, pág. 861.

La alusión de Montesquieu a la técnica de los *bills of attainder* (bills de "atteindre" traduce, por cierto, el propio Montesquieu; leyes de alcance, sería también la formulación española, aunque esta expresión carece de contenido sustantivo entre nosotros) está hecha de un modo algo diferente a como la empleó en este libro a efectos de justificar la reserva de jurisdicción. Montesquieu dice que "hoy en los Estados no se hace más caso a la libertad, leyes que la violan contra uno para preservar la de todos. Tales son, en Inglaterra, los *bills* llamados «d'atteindre»". No se plantea Montesquieu, sin embargo, que eso pueda suponer un ejercicio por el legislativo de funciones jurisdiccionales, como, por demás, mostraba sin lugar a dudas la práctica inglesa de los siglos xvi y xvii especialmente (las referencias a *L'esprit des lois* se hacen por las *Oeuvres Complètes*, Ed. du Seuil, Paris, 1964, pág. 604.

La jurisprudencia del Tribunal Supremo USA que se maneja en esta parte es, principalmente, *United States v. Lovett*, 328 U.S. 303, 315 (1946); *Unites States v. Brown*, 381 U.S. 437 (1965); *Garner v. Board of Public Works of Los Angeles*, 341 U.S. 716 (1951); *Money v. Doud*, 354 U.S. 457 (1957); *New Orleans v. Dukes*, 427 U.S. 297 (1976); *Joint Anti-Fascist Refugee Committee v. MacGrath*, 341 U.S. 123 (1950); y *Nixon v. Administrator of General Services*, 433 U.S. 425 (1977). Los comentarios a esta jurisprudencia pueden encontrarse en cualquiera de las obras de Derecho constitucional norteamericano que están ya citadas. Entre ellas, la más sintética es la que puede encontrarse en Nowak, Rotunda, Young, *Constitutional Law*, St. Paul, Minnesota, 1982; y la más extensa, documentada y sugerente, la de L. H. Tribe, *American Constitutional Law*, 2ª, The Foundation Press Inc., Mineola, New York, 1988.

En el análisis sobre la generalidad de la ley es fundamental, en el plano de los principios filosóficos, junto con la aportación de J. J. Rousseau que se cita en el texto, la anterior de T. Hobbes, en particular el Cap. xxvi de su *Leviathan* (en la edición de 1651, pág. 137: "for every man seeth, that some Laws are adressed to all the subjects in general; some to particular Provinces, some to particular Vocations and some to particular men"); entre nosotros hay múltiples ediciones del *Leviatan*, incluso algunas para uso escolar como la preparada por E. Tierno Galván para Ed. Tecnos, Madrid, 1965, reimpr. 1976. En este punto, para el pensamiento de T. Hobbes es de interés el análisis de M. Villey, *Préface au "De cives": Hobbes en notre temps*; y el de A. Clair, *Aliénation des droits et institution de l'Etat selon Hobbes*, ambos estudios en *Archives de Philosophie du Droit*, t. 25, "La loi", Sirey, Paris, 1980. Las citas del *Contrat social* de Rousseau se hacen por la ed. de Flammarion, Paris, 1966. Para reflexiones sobre su obra son de particular interés el volumen *"Rousseau et la philosophie politique"*, Annales de Philosophie Politique, núm. 5, PUF, Paris, 1965; y los *Etudes sur le Contrat social de J. J. Rousseau*, Publ. de l'Université de Dijon, Paris, 1964, con trabajos de P. Bastid, J. J. Chevalier, J. Dehaussy, Ch. Eisenmann, entre otros; y, para los traducidos entre nosotros, R. Grimsley, *La filosofía de Rousseau*, Alianza, Madrid, 1977 (que es traducción de la ed. de Oxford de 1973). Para el seguimiento de su influencia en el período revolucionario francés que arranca de 1789 es de utilidad la exposición sistematizada editada por J. Godechot, *La pensé Revolutionnaire 1780-1799*, 2ª ed., Paris, 1964.

La historia del dogma de la generalidad de la ley fue hecha por el propio R. Carré de Malberg (*Contribution a la Théorie Générale de l'Etat*, I, Paris, 1920) precisamente para tratar de desmontarla, no negando su necesidad y conveniencia, sino explicando que no tiene cobertura en ninguna regla constitucional expresa, en contra del criterio de L. Duguit, que se recoge en el texto (procedente normalmente de su *Traité de Droit Constitutionnel*, 3ᵉᵐᵉ éd., Paris, 1927); después de Rousseau, la doctrina de la generalidad de la ley fue asumida por los hombres de la Revolución (Mounier y, especialmente, Portalis en su *Discours préliminaire* sobre el *Code Civil*; Fenat, *Travaux préparatoires du Code Civil*, I, págs. 475 y ss.). Se mantiene durante todo el siglo xix y se generaliza como principio prácticamente indiscutido entre toda la doctrina de finales de aquel siglo y primeros del xx. Además de los autores citados en este sentido, también Jèze, *Principes généraux du droit administratif*, edición de M. Giard, Paris, 1925; hay una edición castellana hecha por Ed. Depalma, Buenos Aires, 1948, de esta ed., especialmente sobre el problema, vol. I, págs. 115 y ss.; Guillois, *Application dans le temps des lois et réglements*, Thèse, Paris, 1912; Bagehot, *La Constitución anglaise*, trad. franc. de 1869. La contestación a esta doctrina más secundada está presidida por P. Laband (*Droit public de l'Empire allemand*, ed. francesa, Paris, 1900). Ver también sobre Laband, entre nosotros, el *Estudio preliminar* de A. Rodríguez Bereijo a su *Derecho presupuestario*, I.E.F., Madrid, 1979, y G. Jellinek, *Teoría general del Estado*, Buenos Aires, 1973; la reimpresión alemana de esta *Allgemeines Staatslehre* está hecha en Berlín, 1966. Y, más tarde, la aportación de H. Heller, *Der Begriff des Gesetzes in der Reichsverfassungs*, ahora en *VVD St RL Heft 4*, Berlín y Leipzig, 1982, págs. 98 y ss. A la polémica alemana de primeros de siglo pueden encontrarse también referencias en D. Jech, *Ley y Administración*, trad. esp., I.E.A., Madrid, 1978 y Ch. Starck, *El concepto de ley en la Constitución alemana*, trad. española, C.E.C., Madrid, 1979; y, entre nosotros, A. Gallego Anabitarte, *Ley y reglamento en el Derecho Público occidental*, I.E.A., Madrid, 1971.

Los apuntes sobre las concepciones de H. Kelsen proceden de su *Allgemeine Staatslehre*, Berlín, 1925 (la trad. esp. de L. Legaz editada primero en Barcelona, 1934, y luego en México, 1979).

Las aportaciones de C. Schmitt están recogidas en diversos lugares de su importante obra. Hay que poner por delante, sin duda, en el orden de las menciones obligadas, su *Verfassungslehre*, Münich y Leipzig, 1928 (trad. por F. Ayala; hoy en ed. de Alianza, Madrid, 1982); pero también su trabajo sobre la ley y la sentencia (*Gesetz und Urteil. Eine Untersuchung zum problema der Rechtspraxis*, Berlín, 1912; *Legalität und Legitimität*, 1932, que está en su libro de estudios de Derecho constitucional: *Verfassungsrechliche Aufsätze*, Berlín, 1958), etc. De buena parte de la obra de C. Schmitt existen traducciones españolas. Destaco entre ellas, además de la *Teoría de la Constitución*, ya citada, *Legalidad y legitimidad*, Ed. Aguilar (trad. de L. LEGAZ), Madrid, 1971; *La dictadura* (trad. de I. DÍAZ GARCÍA), Edit. Revista de Occidente, Madrid, 1968; *La defensa de la Constitución*, Tecnos, 1983 (traducida por M. SÁNCHEZ SARTO, con un excelente prólogo de P. DE VEGA); *Estudios políticos* (trad. de F. J. CONDE), Ed. Doncel, Madrid, 1975, etc. Los dictámenes a los que se alude en el texto de forma más detallada son el titulado "Independencia de los jueces, igualdad ante la ley y garantía de la propiedad privada según la Constitución de Weimar. Un dictamen jurídico sobre los proyectos de ley acerca de la controversia patrimonial con las Casas Reales anteriormente reinantes" (*Unabhängigkeit der Richter Gleichheit vor dem Gesetz und Gewährleistung des Privateigentums nach der Weimarer Verfassung Ein Rechtgutachten zu der Gesetzentwürfen über die Vermögensauseinandersetzung mit der frührer regierenden Fürstenhäusern*, Berlín y Leipzig, 1926). El segundo dictamen al que se alude en el texto es el estudio publicado con el título *Rechtsstatslicher Verfassungsvollzug* (1952), reproducido en *Verfassungsrechtliche Aufsätze*, cit., págs. 452 a 458. A la concepción de C. SCHMITT sobre la generalidad de la ley se refiere, entre las obras traducidas al castellano, CH. STARK, *El concepto de ley en la Constitución Alemana*, cit., págs. 194 y ss.; y, entre nosotros, últimamente G. GÓMEZ ORFANEL, *Excepción y normalidad en el pensamiento de Carl Schmitt*, CEC, Madrid, 1986. Para la evolución intelectual de C. SCHMITT, a la que se hacen diversas referencias en el texto, J. W. BENDERSKY, *Carl Schmitt. Teorist for the Reich*, Princeton University Press, 1983 (trad. italiana en Il Mulino, 1989). La evolución dogmática ulterior sobre las leyes singulares se concentra en la teoría de las leyes-medida, donde, además de las aportaciones de SCHMITT, son fundamentales las de G. ANSCHUTZ, *Die Verfassungs des Deutschen Reichs von 11 August 1919. Ein Kommentar für Wissenschaft und Praxis*, 14ª ed., Berlín, 1933, esp. comentario al artículo 48. Años después, en 1956, la Asociación Alemana de Profesores de Derecho Público dedicó su reunión anual al tema de la leyes-medida (*Das Gesetz als Norm und Massnahme*), luego publicadas en el volumen correspondiente de las "Veroffentlichungen der Vereinigung der Deutschen Staatsrechtslicher", Helft, 15, Berlín, 1957. Pero el estudio central de referencia habría de ser el de E. FORSTHOFF publicado en el libro homenaje a W. JELLINEK (*Uber Massnahmegesetze*, en *Forschungen und Berichte aus dem Offentlichen Recht. Gedachtnisschrifft für Walter*

Jellinek, Münich, 1955, págs. 221 y ss.). Este texto de Forsthoff está reproducido en la colección de trabajos del autor titulada *Rechtsstaat im Wandel*, Stuttgart, 1964, págs. 78 a 98. Un análisis detenido de la obra del autor que vengo citando en V. Storost, *Staat und Verfassung bei Ernst Forsthoff*, Franckfurt, 1979. Para las repercusiones de la dogmática de la ley-medida en otros ordenamientos, *vid.* por todas, las aportaciones de L. Paladin, *La legge como norma e come provvedimento*, en *Giur. Cost.*, 1969, págs. 871 y ss.; y C. Mortati, *Le leggi provvedimento*, Milán, 1968.

Sobre el caso *"Rumasa"* ya se ha producido alguna bibliografía. Para lo que interesa en este libro la más interesante aportación es la de J. R. Parada que plantea el problema de la inconstitucionalidad de las leyes singulares de expropiación por hacer imposible el ejercicio del derecho a la tutela judicial plena que proclama el artículo 24 de la CE (J. R. Parada, *Expropiaciones legislativas y garantías jurídicas*, RAP, 100-102). Este planteamiento tuvo su eco, aunque para ser finalmente rechazado, en la STC Rumasa II que se comenta en este libro. La línea argumental, muy atractiva, de J. R. Parada, ha sido secundada luego por diversos autores. La última vez, hasta ahora, por el estudio de G. Ariño, *Leyes singulares, Leyes de caso único*, RAP, 118 (1989). Como se notará, la perspectiva que seguimos en este estudio es bien distinta. La ley de caso único puede resultar contraria a la Constitución no porque minore las garantías jurisdiccionales (el TC ha entendido que, por esta sola razón, no lo es), sino porque el legislador invade la reserva de jurisdicción.

El problema de las indemnizaciones que proceden cuando las leyes singulares liquidan derechos individuales, ilustra que una ley expropiatoria ni tiene por qué invadir la reserva de jurisdicción ni tiene por qué ser, necesariamente, inconstitucional. Debe dejar, como requirió el dictamen de C. Schmitt que se ha recordado, un margen para la ejecución procedimentalizada de la medida, con ocasión del cual puede producirse la defensa en vía jurisdiccional. Esta aplicación concreta es la que hacen las importantes STS de 15 de julio y 25 de septiembre de 1987; con ocasión de estas sentencias, cfr. el estudio de F. Garrido Falla, *Sobre la responsabilidad del Estado legislador*, RAP, 118 (1989).

Las restricciones iniciales a la interpretación de las leyes por los jueces y la técnica del *référé législatif*, pueden estudiarse en M. Lesage,

Les interventions du législateur dans le fonctionnement de la justice, Paris, 1960; L. HUFTEAU, *Le référé législatif et les pouvoirs du juge dans le silence de la loi*, P.U.F., Paris, 1965; M. FAVRE, *Les rapports du pouvoir législatif et du pouvoir judiciaire de la fin de l'Ancien Régime a la promulgation du Code civil*, Thése, Toulouse, 1949. Para la situación en la primera época es muy ilustrativa la lectura de L. DUGUIT, *Traité*, cit., t. II. págs. 275 y ss. y de G. JÈZE, *Principios generales del derecho administrativo*, t. I, Ed. Depalma, Buenos Aires, 1948, págs. 173 y ss., además del trabajo clásico de J. BARTHELEMY, *L'interprétation des lois par le legislateur*, RDP, 1908, págs. 456 y ss. La cita de ROUBIER que se recoge en el texto *apud* M. TROPER, *La séparation des pouvoirs et l'histoire constitutionnelle française*, L.G.D.J., Paris, 1980, pág. 59.

Sobre el caso *Deltel*, además de las observaciones en la obra de M. LESAGE, *Les interventions du législateur*, citado, puede verse el comentario de M. WALINE en la RDP. Últimamente A. S. OULD BOU-BOUTT, *L'apport du Conseil Constitutionnel au droit administratif*, Ed. Economica, Paris, 1987. El trabajo de A. WERNER que se cita en el texto es *Contribution à l'étude de l'application de la loi dans le temps en droit public*, RDP, 1982, pág. 737. El caso *Dreyfus*, relativo —como se sabe— a una imputación contra el capitán del Ejército francés Alfred Dreyfus, se inició con una acusación falsa y amañada de vender secretos militares. El proceso —que movió a ZOLA a publicar su famosa carta *J'accuse*— acabó con la condena firme (y reiterada en un segundo proceso) y en la degradación del acusado. La creación de la opinión pública y el cambio de circunstancias movieron luego al gobierno (después de un indulto y de que el Tribunal de Casación, años después, anulara el veredicto del Consejo de guerra) a dictar una ley (13 de julio de 1906) por la que ordenaba el reingreso de Dreyfus en el Ejército con la graduación de comandante.

A la posición del Tribunal Constitucional español sobre las leyes interpretativas me he referido en mi estudio *La interpretación de la Constitución, la armonización legislativa y otras cuestiones*, REDC, núm. 9 (1983), donde se recuerdan las posiciones clásicas y se hace, en la nota 29, una aproximación a algunas doctrinas comparadas. En concreto para la italiana, que se cita en el texto, cfr. AMORTH, *Leggi interpretative e leggi di sanatoria nei rapporti fra potere legislativo e potere giudiziario*, en RTDP, 1958, págs. 62 y ss. y también C. MOR-TATI, *Istituzioni di Diritto Publico*, I, 9ª ed., Padova, 1975, pág. 357; C.

Lavagna, *Diritto Pubblico*, Roma, 1979, pág. 245. Respecto del uso de las normas interpretativas en nuestra propia experiencia administrativa, J. L. Villar Palasí, *El mito y la realidad de las disposiciones aclaratorias*, INAP, Madrid, 1965. Para la posición más extendida en nuestra doctrina bastará, por ejemplo, con la lectura de L. Díez-Picazo, *Experiencias jurídicas y teoría del derecho*, Madrid, 1973, pág. 236.

En relación con las convalidaciones legislativas, cfr. J. M. Auby, *Les validations legislatives, Revue de droit prospectif*, núms. 3 y 4, 1977; P. Aubret, *La notion de droit acquis en droit administratif*, RDP, 1985, págs. 53 y ss.; M. Lesage, *Les interventions du législateur dans le fonctionnement de la justice*, LGD, Paris, 1960; P. Devolvé, *Le principe de non rétroactivité dans la jurisprudence économique du Conseil d'Etat*, en *Mélanges Waline*, LGDJ, II, Paris, 1974, págs. 353 y ss.; J. C. Savignac y S. Salon, *Des mosaïques législatives? A propos d'une manière de légiférer*, AJDA, 1986, págs. 3 y ss.; J. C. Venezia, *Sur l'exercise de la fonction exécutive par le Parlement dans la Ve Republique*, en *Mélanges Burdeau*, LGDJ, 1977, págs. 481 y ss.; A. S. Ould Bouboutt, *L'apport du Conseil Constitutionnel au Droit Administratif*, Ed. Economica, Paris, 1987, págs. 235 y ss.; B. Mathieu, *Les validations législatives (Practique législative et jurisprudence constitutionnelle)*, Ed. Economica, Paris, 1987. La cita concreta de L. Favoreu es de su libro (en colaboración con L. Philip) *Les grandes décisions du Conseil Constitutionnel*, 3ème éd., Sirey, Paris, 1984, especialmente, págs. 473 y ss., donde se comenta la decisión, "validations législatives" del Consejo Constitucional; en este lugar podrá encontrarse también una guía más completa de los diversos comentarios que suscitó dicha decisión.

El problema de las leyes *ex post-facto* en la doctrina constitucional norteamericana, que se usa en el texto, puede examinarse con mayor detenimiento en Crosskey, *The Ex-post Facto and the Contracts clauses in the Federal Convention: A note on the Editorial Ingenuity of James Madison*, V. Chi L Rev. (1968), pág. 248; y la exposición de L. H. Tribe, *Cosntitutional Law*, ya citado, págs. 629 y ss.

Entre nosotros el problema de las convalidaciones legislativas no ha merecido todavía un tratamiento monográfico específico. Se confunde ordinariamente este problema con el de la eficacia retroactiva de las normas. Este último asunto ha merecido atención concreta últimamente. Son expresivos, por todos, los estudios aparecidos después de la Constitución de 1978, los libros de F. LÓPEZ MENUDO, *El principio de irretroactividad en las normas jurídico-administrativas*, Sevilla, 1982, y R. GAYA SICILIA, *El principio de irretroactividad de las leyes de la jurisprudencia constitucional*, Ed. Montecorvo, Madrid, 1987.

Capítulo III

Para el análisis de la posición de los jueces y el ejercicio de las funciones jurisdiccionales durante el Antiguo Régimen en Francia y la transición hacia el sistema de lo contencioso-administrativo típico de dicho país, la bibliografía es extensísima, pero puede verse, E. LAFERRIÈRE, *Traité de la juridiction administrative et des recours contentieux*, 2 vol., 2ème éd., Paris, 1886; R. JACQUELIN, *De la juridiction administrative dans le Droit Constitutionnel*, Thèse, Paris, 1891; HENRION DE PANSEY, *De l'autorité judiciaire en France*, 3ème éd., Paris, 1827; L. RICARD, *Les institutions judiciaires et administratives de l'ancienne France*, 1869; A. DE TOCQUEVILLE, *L'Ancien Régime et la Révolution*; C. DURAND, *Etudes sur le Conseil d'Etat napoléonien*, Paris, 1949; GODECHOT, *Les institutions de la France sous la Révolution et l'Empire*, Paris, 1951; L. IMBERT, *L'évolution du recuors pour excès de pouvoir (1872-1900)*, Thèse, Paris, 1952; LUCAS DE PESLOUAN, *Histoire de la juridiction administrative sous la Révolution et sous l'Empire*, Thèse, Paris, 1907; B. OLIVIER MARTIN, *Le Conseil d'Etat de la Restauration*, Thèse, Paris, 1941; P. SANDEVOIR, *Etudes sur le recours de pleine juridiction; l'apport de l'histoire à la théorie de la justice administrative*, Thèse, LGDJ, Paris, 1964; J. CHEVALLIER, *L'élaboration historique du principe de séparation de la juridiction administrative et de l'administration active*, LGDJ, Paris, 1970, y J. L. MESTRE, *Introduction historique au droit administratif français*, PUF, Paris, 1985.

Además de los libros citados, son notables en la literatura sobre la Justicia en el Antiguo Régimen y la formación ulterior de la jurisdicción contencioso-administrativa, los artículos de L. DUGUIT, *La séparation des pouvoirs et l'Assemblée nationale de 1789*, R.E.P., 1893; R. DARESTE, *Etudes sur les origines du contenieux administratif en France*, en *Revue historique de droit français et étranger*, 1855; ESMEIN, *La question de la juridiction administrative devant l'Assemblée constituante*, en *Jahrbuch des öffenlichen Rechts*, V, 1911.

La cita de J. LAFERRIÈRE es de su trabajo *Les raisons de la proclamation de la règle de la séparation des autorités administrative et judiciaire par l'Assemblée constituante*, en *Mélanges Negulesco*, 1935, pág. 437.

La data de origen de las reglas de que "el contencioso sigue a la Administración" y "juzgar a la Administración es también administrar", se recoge siguiendo el libro de J. CHEVALLIER, *L'élaboration historique du principe de séparation de la juridiction administrative et de l'administration active*, ya citado, págs. 53 y ss. De este libro procede también la cita de M. D'AUBE que recoge una opinión vertida en su *Memoire concernant les intendants départis dans les différentes provinces et généralités du royaume*, I.

Para el desarrollo del debate sobre la relación entre la Administración y la Justicia durante la Asamblea Constituyente, entre los libros ya indicados, se han seguido especialmente los de P. SANDEVOIR, *Etudes sur le recours de pleine juridiction*, cit.; J. CHEVALLIER, *L'élaboration historique*, cit., y M. TROPER, *La séparation des pouvoirs et l'histoire constitutionnelle française*, LGDJ, Paris, 1980.

Algunas referencias que se hacen a lo largo del texto en esta parte a discursos e ideas de ROBESPIERRE podrán encontrarse en B. MUNIESA, *El discurso jacobino en la Revolución francesa*, Ed. Ariel, Barcelona, 1987, y H. GUILLEMIN, *Robespierre, Politique et Mystique*, Ed. du Seuil, Paris, 1987. Para las referencias históricas generales a la época de la Revolución, se han empleado principalmente los libros de G SORIA, *Grande Histoire de la Révolution Française*, Ed. Bordas, 3 vols., Paris, 1987, y la voz Révolution del libro de F. FOURET y M. OZOUL, *Dictionnaire critique de la Révolution Française*, Ed. Flammarion, Paris, 1988.

La cita de A. ESMEIN es, en esta parte, de *La question de la juridiction administrative devant l'Assemblée contituante, Jahrbuch des öffenliches Rechts*, I, 1911, págs. 16 a 32; y la de L. DUGUIT es *La séparation des pouvoirs*, cit.

Para la doctrina del ministro-juez, además de las obras citadas, la monografía de G. TROFFIN, *Le ministre-juge*, Paris, 1942. También es importante para esta época el libro de D. SERRIGNY, *Traité de l'organisation de la compétence et de la procédure en matière contentieux administrative*, 2ème éd., 1865, 3 vols. Y los trabajos básicos de L. MACAREL, a quien se alude en el texto, son *Éléments de jurisprudence administrative extraits des décisions rendues par le Conseil d'Etat en matière contenieux*, 2 vols., 1818; y *Des tribunaux administratifs ou introduction à l'étude de la Jurisprudence administrative*, 1828. El análisis del famoso *arrêt Cadot* de 1889 y su significación está hecho en buena parte de la bibliografía que va citada, a la que, desde luego, es obligado añadir el importante libro de J. M. AUBY y R. DRAGO, *Traité du contentieux administratif*, Paris, LGDJ, 2ème éd., 1973, especialmente vol. I, pág. 33. Pero puede verse el apretado y expresivo comentario de LONG, WEIL, BRAIBANT en *Les grands arrêts de la jurisprudence administrative*, 6ème éd., Sirey, Paris, 1974, págs. 23 y ss.

La observación de AUCOC de que el *Conseil d'Etat* en los primeros tiempos estaba "asociado a la gloria del emperador" está en sus *Conférences* citadas, t. 1, pág. 151. Valoraciones similares pueden encontrarse en toda la doctrina del siglo XIX: el Consejo era "el primer cuerpo del Imperio" (CORMENIN), "la clave de bóveda de la organización imperial" (G. RAISSAC), "la sede del gobierno, la única palabra de Francia, la antorcha de las leyes y el alma del emperador" (VIVIEN), etc., opiniones que, tanto para este período como para el de la caída, coincidente con el fin del primer Imperio, ha coleccionado J. CHEVALLIER, *L'élaboration historique du principe de séparation*, cit., especialmente págs. 103 y 104.

La cita de O. DUPEYROUX es por su estudio *L'indépendance du Conseil d'Etat statuant au contenieux*, RDP, 1983, de donde tomo (especialmente págs. 570 y 571) la referencia a los cambios continuos de fidelidad de los miembros del Consejo en la primera época. Y las referencias a T. RENOUX, cuando se alude a los intentos de establecer un régimen de inamovilidad para los miembros del Consejo, es a su libro *Le Conseil Constitutionnel et l'autorité judiciaire (l'élaboration d'un droit constitutionnel juridictionnel)*, Ed. Economica, Paris, 1984, especialmente págs. 163 y 164.

La cita de G. BRAIBANT, N. QUESTIAUX y C. WIENER es por *Le contrôle de l'Administration et la protection des citoyens: étude comparative*, Ed. Cuyas, Paris, 1973.

Tal vez la mejor versión general de la significación de la ley de 1872 que otorga al *Conseil d'Etat* jurisdicción delegada y de la evolución de este importante organismo desde su creación, pueda hallarse en la obra colectiva publicada por un equipo animado por el Consejero FOUGÈRE, *Le Conseil d'Etat*, 1799-1974, CNRS, Paris, 1974.

Al *arrêt Canal* de 1962, dada su importancia en la historia del contencioso francés, pueden hallarse referencias en cualquiera de las obras generales que van citadas. Pero pueden obtenerse las primeras impresiones de unos cuantos autores muy significativos en la época, con la lectura de las notas de comentario que aparecieron en las Revistas; son: LAUBADÈRE, en AJDA 1962, pág. 612; LIET-VEAUX, Rev. Administrative, 1962, pág. 623; y DEBBASCH, J.C.P., 1963-II-13068. Naturalmente, también el comentario clásico de LONG, WEIL, BRAIBANT, *Les grands arrêts de la jurisprudence administrative*, en la 4ème éd., que vengo citando, pág. 521. Situaciones de tensión mantenidas por el *Conseil d'Etat*, y desfallecimientos también por su parte, pueden anotarse otras varias veces a lo largo de su historia y después de la ley de 1872. Por ejemplo, cuando se disputó el problema del acceso de un funcionario comunista en el *arrêt Barel* de 1954, que también ha dado lugar a muchos comentarios que resumí en mi estudio *Notas sobre la libertad de opinión y la actividad política de los funcionarios públicos*, REDA, núm. 11 (1976). La doctrina llamada a las "circunstancias excepcionales" ha sido también utilizada por el Consejo de Estado para no afrontar situaciones de alta gravedad política o para no inmiscuirse en decisiones del Ejecutivo evitando reacciones airadas contra su jurisprudencia. Esta observación puede hallarse en el estudio citado de O. DUPEYROUX, *L'indépendance du Conseil d'Etat statuant au contentieux*, RDP núm. 3-1983, cit., págs. 600 y ss. Pero está analizada con detenimiento en el libro de L. NIZARD, *La jurisprudence administrative des circonstances exceptionnelles et la légalité*, LGDJ, Paris, 1962. También ha sido luego estudiada atendiendo a las matizaciones ulteriores del propio *Conseil d'Etat*, por P. L. FRIER, *L'urgence*, LGDJ, Paris, 1987, especialmente págs. 139 y ss. Sobre las influencias de la política sobre el comportamiento del Consejo de Estado francés hay, naturalmente, mucho escrito, pero, además de las obras que van citadas, resultará de interés consultar a P. WEIL, *Le Conseil d'Etat statuant au contentieux: politique jurisprudentielle ou jurisprudence politique?*, *Annales de la Faculté de Droit d'Aix*, 1959, págs. 281 y ss.; D. LOSCHAK, *Le rôle politique du juge administratif français*, BDP, t. CVII, LGDJ, 1972; G. LAVAU, *Le juge et le pouvoir politique*, en la obra colectiva *La justice*, PUF, Paris, 1961, pág. 66. Para un análisis del Estado actual de la independencia de los jueces, aunque desprovisto de análisis políticos y referidos, sobre todo, al Estado de la jurisprudencia de la *Cour de Cassation*, el estudio de J. ROBERT, *L'indépendance des juges*, que incorpora muy ilustrativos anexos documentales, en RDP, núm. 1 (1988).

Cuando se comenta en el texto la importante decisión del *Conseil Constitutionel "validations législatives"* de 1980, la cita de A. S. Ould proviene de su libro *L'apport du Conseil Constitutionel au droit administratif,* ya citado, págs. 231 y ss. Las principales notas del comentario inmediatamente aparecido sobre la decisión citada son de G. Carcassonne en AJDA, 1980, pág. 602; L. Favoreu, RDP, 1980, pág. 1658; Nguyen Quoc Vinh, en JCP, 1981, II, 19603; M. de Villiers, *Rev. Adm.,* 1981, pág. 33. Además son importantes los comentarios de L. Favoreau y de L. Philip, *Les grandes décisions du Conseil Constitutionnel,* 3ème éd., Sirey, Paris, 1984, págs. 472 y ss. Y las observaciones de los libros de T. Renoux, *Le Conseil Constitutionnel et l'autorité judiciaire,* cit., especialmente pág. 145; A. S. Ould, cit., págs. 231 y ss.; y, desde luego, el de B. Mathieu, *Les "validations" legislatives (pratique législative et jurisprudence constitutionnelle),* Ed. Economica, Paris, 1987, donde se podrá encontrar, además, una completa referencia bibliográfica sobre la materia.

La decisión del Consejo Constitucional de 23 de enero de 1987, es comentada por L. Favoreu en su estudio *Le principe de séparation des autorités administratives et judiciaires n'a pas valeur constitutionnelle,* RFDA, núm. 2 (1987), págs. 301 y ss. Acompañando al análisis una nueva reflexión sobre los orígenes históricos del modelo, S. Velley, *La constitutionnalisation d'un mythe: justice administrative et séparation des pouvoirs,* en RDP, núm. 3, 1989. Para los desarrollos ulteriores y para la valoración de la decisión de 17 de enero de 1989 sobre sanciones administrativas que se comenta más adelante en el texto, también los análisis de L. Favoreu, en *L'application des normes constitutionnelles et des décisions du Conseil Constitutionnel par le juge administratif (nouveaux dévelopements),* RFDA núm. 1 (1989), págs. 142 y ss. y en *Le Droit constitutionnel jurisprudentiel,* RDP núm. 2 (1989), págs. 399 y ss.

Las alusiones de M. Long a las acumulaciones de asuntos en el *Conseil d'Etat* han aparecido varias veces en escritos suyos recientes. Las últimas veces en su nota a la ley de 31 de diciembre de 1987 sobre reforma del contencioso-administrativo, titulada *Une réforme pour préparer l'avenir* y también en su *Allocution prononcée lors de l'inauguration de la Cour d'Appel de Paris,* publicadas ambas en la RFDA núm. 2 de 1988 y 1 de 1989, respectivamente.

Para los comentarios a la reforma del contencioso-administrativo francés que arranca de la Ley de 31 de diciembre de 1987, es capital la lectura de los números monográficos que algunas de las Revistas especializadas han dedicado al tema. Destaco, entre ellas, el núm. 2 (1988) de *L'Actualité Juridique-Droit Administratif*, y el núm. 2 (1988) de la *Revue Française de Droit Administratif*. En la primera están los estudios que se citan en el texto de M. FRANC, G. BRAIBANT, B. PACTEAU y otros. En la segunda, entre los que se hacen referencias directas en el cuerpo principal de este libro, podrán encontrarse, además del estudio de M. LONG, ya citado, el de B. PACTEAU, *La longue marche de la nouvelle réforme du contentieux*, además de otros de R. DRAGO, R. ABRAHAN y LABETOUILLE. Esta misma RFDA incorpora a su núm. 1 (1989) otros varios artículos sobre el tema. Entre nosotros ha dedicado a la reforma francesa diversos análisis E. GARCÍA DE ENTERRÍA, que están incluidos en su libro *Hacia una nueva justicia administrativa*, Edit. Civitas, Madrid, 1989.

Las aportaciones doctrinales básicas sobre el origen y evolución del contencioso-administrativo en España, siguen siendo las de A. NIETO, *Los orígenes de lo contencioso-administrativo en España*, RAP, núm. 50; F. GARRIDO FALLA, *La evolución del recurso contencioso-administrativo en España*, RAP, núm. 55; J. R. PARADA VÁZQUEZ, *Privilegio de la decisión ejecutoria y proceso contencioso*, RAP, núm. 55; A. NIETO, *Sobre la tesis de Parada en relación con los orígenes del contencioso-administrativo*, RAP, núm. 57; J. R. PARADA, *Réplica a Nieto sobre el privilegio de la decisión ejecutoria y el sistema contencioso-administrativo*, RAP, núm. 59; T. R. FERNÁNDEZ RODRÍGUEZ, *La doctrina de los vicios de orden público*, Madrid, 1970; A. GALLEGO ANABITARTE, *Administración y jueces: gubernativo y contencioso*, Madrid, 1971; L. MARTÍN-RETORTILLO, *Unidad de jurisdicción para la Administración Pública*, RAP, 49; J. SANTAMARÍA, *Sobre la génesis del derecho administrativo español en el siglo XIX (1812-1845)*, Sevilla, 1973, y *Sobre el origen y evolución de la reclamación administrativa previa*, RAP, núm. 77.

Algunos datos adicionales que resultan significativos para conocer la formación y evolución real del contencioso-administrativo, aporté en mi libro *Expropiación y jurisdicción*, Madrid, 1976, especialmente págs. 40 y ss. En este libro podrán encontrarse ejemplos bastante insólitos —que contradicen el principio de judicialización inicial del control de la Administración— de atribución de los negocios contenciosos a la Administración activa.

El libro de L. Martín-Retortillo al que me refiero en el texto es *El proceso de elaboración de la ley de lo contencioso-administrativo de 13 de septiembre de 1888*, Madrid, 1975; de aquí están tomadas las citas literales de Danvila, Conde Torreaznar y Colmeiro que se reproducen en el cuerpo principal de este libro.

Para el análisis de la evolución jurisprudencial en materia de sanciones administrativas, *vid.* por todos, L. Martín-Retortillo, *Las sanciones de orden público en el Derecho español*, Edit. Tecnos, Madrid, 1973; J. Bermejo Vera, *Potestad reglamentaria y sancionadora de la Administración. Tópicos y jurisprudencia*, REDA, núm. 10 (1976); E. García de Enterría, *El problema jurídico de las sanciones administrativas*, REDA, núm. 10 (1976) y *La incidencia de la Constitución sobre la potestad sancionadora de la Administración. Dos importantes sentencias del Tribunal Constitucional*, REDA, núm. 29 (1981); J. Tornos Mas, *Infracción y sanción administrativas: el tema de su proporcionalidad en la jurisprudencia contencioso-administrativa*, REDA, núm. 7 (1975); M. Rubio de Casas, *De nuevo sobre la potestad sancionadora: la sentencia del TC de 6 de junio de 1984*, REDA, núm. 42 (1984); S. Muñoz Machado, *La carga de la prueba en el contencioso-administrativo. Su problemática en materia de sanciones administrativas*, REDA, núm. 11 (1976) y *En los confines del Estado de Derecho: la ordenación de los juegos de azar*, REDA, núm. 49 (1986); J. F. Mestre Delgado, *Potestad reglamentaria y principio de legalidad: las limitaciones constitucionales en materia sancionadora*, REDA, núm. 57 (1988).

Para la exposición jurisprudencial que se maneja en el ámbito del urbanismo, *vid.* las referencias más amplias que formuló sobre el control de la discrecionalidad de la Administración planificadora, en mi estudio *El planeamiento urbanístico*, incluido en el libro por mí dirigido *Tratado de derecho municipal*, Edit. Civitas, Madrid, 1988. Estos mismos problemas han sido recientemente estudiados en Derecho comparado, por ejemplo, por D. Lagasse, *L'erreur manifeste d'appréciation en Droit Administratif*, Bruylant, Bruxelles, 1986; y L. Marotta, *Planificazione urbanistica e discrezionalità amministrativa*, Cedam, Padova, 1988.

Al dogma clásico del carácter revisor de la jurisdicción contencioso-administrativa y su evolución jurisprudencial dediqué un estudio, que se sigue en este punto en el texto, titulado *Nuevos planteamientos de la jurisprudencia sobre el carácter revisor de la jurisdicción contencioso-administrativa*, REDA, núm. 26 (1980).

Al particular tratamiento y respeto de los tribunales a las obras públicas ya ejecutadas, aunque sean completamente ilegales, ha dedicado su tesis doctoral J. NONELL GALINDO, *El principio de intangibilidad de la obra pública*, Tesis doctoral, Alcalá de Henares, 1989. El dictamen del Consejo de Estado de 20 de junio de 1962 donde se plantea abiertamente el problema está comentado en mi libro *Expropiación y jurisdicción*, cit., pág. 149.

Para el tema de la suspensión o inejecución de sentencias por el Gobierno, además de las referencias que pueden encontrarse en los libros generales que ya se han citado, puede verse L. M. DOMÍNGUEZ RODRIGO, *La potestad extraordinaria del gobierno de suspensión o inejecución de sentencias en materia contencioso-administrativa*, REDA, núm. 54 (1987).

El estudio de J. PRIEUR que se cita en el texto a propósito de las nuevas maneras de invasión administrativa del dominio de la justicia, es *Jurisprudence et principe de séparation des pouvoirs*, en *Archives de Philosophie du Droit*, t. 30, *La jurisprudence*, Sirey, Paris, 1985, págs. 118 y ss.

La referencia a H. J. PAPIER sobre la juridificación de la política procede de su estudio *Kriesenerscheinungen in der Verwaltungs-gerichtbarkeit (Schriftenreihe, Juristiche Gesellschaft)*, Berlín, 1979. Y la crítica de O. BACHOF a los excesos de la jurisdicción que se recoge en el texto proviene de su trabajo *Der Richter als Gesetzgeber?*, en *Tradition und Fortschrift im Recht*, Tübingen, 1977.

Para la configuración y evolución reciente del contencioso-administrativo en Inglaterra y sus problemas actuales, es obligado partir, desde luego, de A. V. DICEY, *An Introduction to the Study of the Law of the Constitution*, 10ª ed., de 1959, reimp. London, 1985. Para las exposiciones recientes es obligado consultar las sucintas y normalmente expresivas exposiciones de algunos libros generales, como el clásico de DE SMITH, *Constitutional and administrative Law*, 6ª ed.,

Butterworths, London, 1986, págs. 126 y ss.; P. P. CRAIG, *Administration Law*, Sweet and Maxwell, London, 1983, págs. 253 y ss.; P. CANE, *Administrative Law*, Clarendon Press, Oxford, 1986; H. W. R. WADE, *Administrative Law*, 6ª ed., Clarendon Press, Oxford, 1988; también será provechosa la lectura del *Prólogo* de WADE a la 10ª edición del libro de DICEY antes citado. Entre los estudios monográficos o especializados, el más amplio y detallado es el de DE SMITH, *Judicial Review of Administrative Action*, 4ª ed., London, 1980. Y más recientemente, el de G. ALDONS y J. ALDER, *Applications for Judicial Review, Law and Practice*, Butterworths, London, 1985. Para la evolución del modelo administrativo británico son muy ilustrativos algunos de los trabajos publicados en libros que conmemoran el centenario del de DICEY antes citado, como el editado por P. MACAUSLAN y J. F. MACELDOWNEY, *Law, Legitimacy and the Constitution*, Sweet and Maxwell, London, 1985; y el editado por J. JOWELL y D. OLIVER, *The Changing constitution*, Clarendon Press, Oxford, 1985. Un estudio comparado reciente entre el sistema inglés y el francés puede encontrarse en el libro de S. FLOGAITIS, *Administrative Law et Droit Administratif*, LGDJ, Paris, 1986. Y, en fin, una exposición reciente sobre los problemas de la Justicia administrativa, en el informe titulado *Administrative Justice. Some Neccessary reforms*, Clarendon Press, Oxford, 1988, informe que resume las opiniones sobre el estado de la justicia administrativa desarrollado por un importante equipo que dirigió durante años P. NEILL.

La cita de J. R. PARADA en relación con la proliferación en la legislación más reciente del empleo de fórmulas arbitrales por la Administración, es por lo que dice en su *Derecho Administrativo I*, Parte general, Madrid, 1989, págs. 373 y ss.

El régimen de la ejecución forzosa en los actos administrativos, de los recursos y vías administrativas previas y de la ejecución de sentencias, que son los tres temas fundamentales sobre los que gira la jurisprudencia constitucional que se refiere finalmente en el texto, ha dado lugar ya a múltiples comentarios doctrinales. Como no pretendo recoger aquí una bibliografía exhaustiva sino mostrar los apoyos principales que se han usado para desarrollar (fundándose o discrepando de ellos, según los casos), algunos argumentos, bastará con la referencia a unos cuantos. Sobre el nuevo régimen de la ejecución forzosa de los actos en relación con la inviolabilidad del domicilio, destaco los de F.

López Ramón: *Inviolabilidad del domicilio y autotutela administrativa en la jurisprudencia del Tribunal Constitucional*, en el libro colectivo dirigido por L. Martín-Retortillo, *De la jurisprudencia del Tribunal Constitucional*, Zaragoza, 1985, págs. 471 y ss.; y A. Nieto, *Actos administrativos cuya ejecución precisa una entrada domiciliaria*, RAP, 112 (1987); para los problemas y variaciones en el régimen de la suspensión T. Font i Llovet, *Nuevas consideraciones en torno a la suspensión judicial de los actos administrativos*, REDA, núm.34 (1982); L. Parejo, *La tutela judicial cautelar en el orden contencioso-administrativo*, REDA, núm. 49 (1986); J. Rodríguez Arana, *La suspensión del acto administrativo*, Edit. Montecorvo, Madrid, 1986. Y, en fin, en relación con la ejecución de sentencias contencioso-administrativas, por todos, T. Font i Llovet, *La ejecución de sentencias contencioso-administrativas (aspectos constitucionales)*, Edit. Civitas, Madrid, 1985; I. Borrajo Iniesta, *Las facultades de los tribunales para ejecutar sentencias contra las Administraciones Públicas*, REDA, núm. 55 (1987); E. García de Enterría, *Sobre el principio de inembargabilidad, sus derogaciones y sus límites constitucionales y sobre la ejecución de sentencias condenatorias de la Administración*, REDA, núm. 52 (1986). Y los trabajos de E. García de Enterría, F. Sosa y T. Quintana, M. Bassols, J. Salas y V. Palomino, F. Pera y J. L. Piñar, todos en el núm. 209 de Documentación Administrativa, monográfico sobre *La ejecución de sentencias condenatorias de la Administración*.

Los problemas específicos y la jurisprudencia sobre el control jurisdiccional de decisiones no legislativas de las Cortes Generales, ha sido estudiada, entre nosotros, por L. Martín-Retortillo, *El control por el Tribunal Constitucional de la actividad no legislativa del Parlamento*, en RAP, núm. 107 (1985); R. Punset, *El control jurisdiccional de la actividad de las Asambleas parlamentarias y del Estatuto de sus miembros en el derecho español*, en Rev. de las Cortes Generales, núm. 5, 1985; I. Torres Muro, *Actos internos de las Cámaras y recurso de amparo*, REDC, núm. 12, 1984; M. F. Pulido Quecedo, *El control contencioso-administrativo de los actos sin valor de ley de las Asambleas Legislativas de las Comunidades Autónomas*, REDA, núm. 43, 1984.

Para las referencias a la doctrina de las *political questions*, además de las obras generales de Derecho constitucional que van citadas, por todos, SCHARPF, *Judicial Review and the Political Question: a Functional Analysis*, Yale L. J., 1966, pág. 517; HENKIN, *Is there a Political Question Doctrine?*, Yale L. J., 1976, pág. 597; y, entre nosotros, E. ALONSO GARCÍA, *El tribunal Burger y la doctrina de las "Political Questions" en los Estados Unidos*, REDC, núm. 1 (1981), págs. 287 y ss.

ÍNDICE DE AUTORES

Notas

Notas

Notas

Notas

Notas

Notas

Notas

Notas

Notas

Notas

ESTE LIBRO SE TERMINÓ DE IMPRIMIR EN LOS TA-
LLERES DE EDITORIAL NOMOS, EL VEINTICINCO DE
FEBRERO DE DOS MIL VEINTE, ANIVERSARIO DEL NA-
CIMIENTO DE JUAN ÁLVAREZ MENDIZÁBAL
(n. 25, II, 1790 y m. 3, XI, 1853).

LABORE ET CONSTANTIA